# 촛불@광장 사회의 메커니즘

— 티핑포인트, 약자의 선순환, 트리거

# 촛불@광장 사회의 메커니즘

## 티핑 포인트, 약자의 선순환, 트리거

**초판인쇄**  2005년 7월 10일
**초판발행**  2005년 7월 15일

**지 은 이**  김동환 · 김헌식
**펴 낸 이**  이 찬 규
**펴 낸 곳**  북코리아
**등록번호**  제03-01240호
**주    소**  121-802 서울시 마포구 공덕동 173-51
**전    화**  (02) 704-7840
**팩    스**  (02) 704-7848
**이 메 일**  sunhaksa@korea.com
**홈페이지**  www.ibookorea.com

값 8,000원

ISBN 89-89316-60-X 03300

# 촛불@광장
# 사회의 메커니즘

### −티핑 포인트, 약자의 선순환, 트리거

김동환 · 김헌식 지음

북코리아

# 책 머 리 에 _

최근 들어 한국 사회는 급격한 변화를 겪었다. 2002년 한일월드컵과 함께 등장한 붉은악마와 광장의 축제, 효순이와 미선이의 죽음과 촛불시위, 노사모와 2002년 대선, 2004년 대통령 탄핵에 대한 반대시위와 415 총선거 등 한국 사회는 누구도 예상하지 못했던 갑작스러운 소용돌이 속에서 급격히 변화되어 왔다.

이러한 사회 변화의 동인을 이해하고 그 의미를 제시하려는 많은 시도가 있어 왔다. 하지만 그러한 분석은 사회 변화의 특성을 단순한 범주나 유형으로 묶거나 감성적인 혹은 문화적인 개념으로 재구성하여 제시하는 데 그치곤 하였다.

이 책에서는 시스템 사고의 관점을 가지고 한국 사회의 변화를 이해하고자 한다. 먼저 하나의 사상이나 유행 또는 운동이 사회 전체로 급격히 확산되어 가는 '티핑 포인트'의 개념으로 최근 발생한 일련의 사회 변화를 이해한다. 그러나 기존의 개념과는 다르게 우리는 한국 사회를 변화시킨 티핑 포인트들이 공통된 메커니즘 속에서 상호 연결되어 있다는 점을 분석하고자 한다.

두 번째로 이들 티핑 포인트들을 촉발시키고 성장시킨 메커니즘으로서 '약자의 선순환' 구조를 제시한다. 약자에 대한 지지를 강화하는 양의 피드백 루프가 인터넷과 광장의 촛불시위를 통해 증폭됨으로써 연이은 티핑 포인트를 만들었다는 것이다. 다양한 사건들의 이면에 약자의 선순환 구조가 작용하면서 급속히 한국 사회의 지형을 변화시켜 왔다는 점을 이 책에서 밝히고자 한다.

세 번째로 약자의 선순환 메커니즘을 촉발시킴으로써 궁극적으로 티핑 포인트를 이끌어내는 '트리거'가 존재하여 왔다는 점을 밝히고자 한다. 아울러 이들 트리거들은 거의 언제나 지극히 평범한 사람들이었다는 점을 확인할 수 있었다.

그러나 이러한 메커니즘을 이해하지 못하고, 겉으로 드러난 현상만을 바라볼 때 정치적 판단과 정책적 결정이 파국에 도달할 수 있음을 지적하였다. 그리고 약자의 선순환이 어떻게 작동하는지를 보다 깊이 이해하기 위해 시스템 사고(systems thinking)의 방법론을 활용하여 약자의 선순환 메커니즘을 다양한 관점에서 분석하였다.

이 책을 쓰면서 우리는 조그마한 커피숍에 앉아서 혹은 휴대폰으로 오랜 시간 동안 토론하였으며, 인터넷 게시판을 통해서 토론 결과를 정리하였다. 토론을 하면서 우리의 생각이 급격히 진전되어 가는 티핑 포인트를 경험하기도 하였다. 그러나 무엇보다도 십여 년을 함께 공부하고 생각하면서 서로의 고민을 잘 알고 있었기에 우리의 토론이 선순환을 이루면서 진전될 수 있었다. 이 책은 우리가 함께 한 지 십여 년이 되는 즈음에 지난 십여 년의 사회 변화를 조망하는 첫 번째 공동 작품이다. 이 소중한 경험을 여러 사람들과 나누고 싶다.

2005년 7월
김동환, 김현식

# 차 례 _

# 01

# 티핑 포인트,
# 약자의 선순환, 트리거

대륙의 동쪽 끝단에 자리잡은 반도국가인 한국 사회를 일컬어 "조용한 아침의 나라"라고 부르지만, 우리 사회는 결코 조용한 사회가 아니었다. 어쩌면 세계에서 가장 변화가 극심한 나라인지도 모른다. 오랜 일제의 지배에 저항하여 해방을 맞이하고, 동족 간의 피비린내 나는 전쟁을 겪고, 그 폐허 위에 버티고 서서 막무가내식의 경제 발전을 초단기간에 이룩하면서도 민주화를 향한 열망을 놓치지 않고 발버둥쳐 온 다난한 역사가 1세기만에 우리 사회에서 일어난 변화였다.

20세기는 물론이고 21세기에 들어서도 우리 사회는 세계에서 가장 급격한 변화를 보여 왔다. 그 어느 국가보다도 초고속 인터넷망의 확산 속도가 빠르며, 휴대폰 인구가 급격히 성장할 뿐만 아니라, 그 급격한 변화의 소용돌이를 한류라는 이름으로 이웃 나라에 전파하고 있다. 어느 한 순간에 친미 문화가 한반도를 휩쓸다가도 어느 한 순간에 반미 문화로 돌변한다. 꿈결같이 빨리 지나간 짧은 시간 동안 한국 사회에서 목격한 정치 사회의 변화는 그 어느 나라에서도 찾아보기 어려운 급격한 소용돌이였다. 다른 나라에서 찾아볼 수 없는 짧은 기간에 경제 발전을 이루었으며, 그 어느 민족도 흉내낼 수 없으리만큼 짧은 시간에 민주화를 성취하였다. 그래서인지 우리는 급변하는 소용돌이에 익숙하다.

하지만 이러한 변화에 대해서 우리는 자랑스러움과 부끄러움의 이중적인 태도로 스스로를 평가하여 왔다. 우리 스스로를 비하하여 빨리 끓고 빨리 식는 '냄비문화'라고 자조하기도 하였으며, '빨리빨리'로 상징되는 조급성의 문화라고 부끄러워하면서 선진 외국인들의 느긋함을 부러워하기도 하였다. 다른 한편으로 변화에 민감한 우리의 문화를 중국대륙을 호령하던 기마민족의 정서에서 찾으려는 복고적인 노력도 있어 왔다.

최근 들어 우리 사회는 이전보다 더 급격한 변화와 쏠림 현상을 목격하여 왔다. 2002년 한일 월드컵과 붉은악마의 등장, 2002년 대선과 인터넷을 뒤흔든 노사모의 활동, 2004년 탄핵 정국과 총선에 의한 급속한 정치 지형의 변동 등이 그 예이다. 이들 변화는 어느 날 갑자기 우리 앞에 나타났으며, 어느 날 갑자기 우리 사회 전역으로 확산되었다. 이들 갑작스러운 사건들의 확산은 한국 사회 전반에 대단히 커다란 충격과 변화를 몰고 왔다.

지식인이란 변화 속에서 변하지 않는 질서를 찾는다. 급격한 변화는 지식인들에게 새로운 의문과 도전을 제기한다. 과연 이들 급격한 변화에 일관된 원칙이나 흐름이 존재하는가? 이러한 도전적인 과제를 분석하고자 하는 시도가 이어져 왔다. 예를 들어 한국인의 문화적 속성에 원인을 두는 문화결정론 혹은 민족주의적 시각도 제기되었으며, 새로이 등장한 세대의 움직임과 사회 문화 자체가 다양한 변화의 중심에 있다는 개혁 세력 중심의 견해도 있었다. 아울러 경제주의나 국가주의적인 차원에서 최근에 발생한 현상들을 마케팅이나 정책에 반영하려는 움직임도 있었다.

그러나 이러한 움직임과 시각들은 사회 흐름에 대한 여러 시각을 제시할 수 있을지는 모르지만 표면적인 분석에 그칠 수밖에 없었다. 변화되는 현상의 저변에서 움직여 가는 본질적인 메커니즘을 밝히는 데는 이르지 못했기 때문이다. 왜 이런 오류가 일어날까? 그것은 다양한 사건들 및 그 사건들이 가져

오는 다양한 파급효과들이 상호 어떠한 연관성을 갖는지를 이해하지 못했기 때문이다. 무엇보다 하나하나의 사건에 대한 단선적인 접근으로는 전체적인 틀을 보지 못하며, 다양한 사건들 저변에 흐르는 일관된 흐름을 파악하는 데 실패한다.

우리는 이 책에서 이러한 변화의 원인을 민족성이나 문화성에서 찾기 보다는 한국 사회가 겪어온 구조에서 찾고자 한다. 우리가 변화를 바라보는 관점은 티핑 포인트, 약자의 선순환, 평범한 트리거 등의 세 가지 개념으로 요약된다.

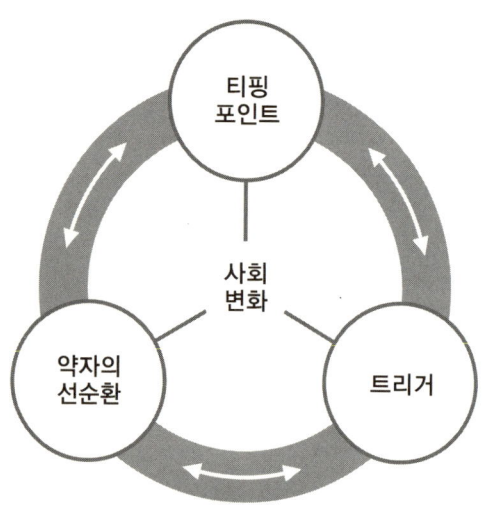

# 티 핑  포 인 트

어느 한 순간 또는 사건으로 인하여 사회 전체에 동일한 신념, 문화, 움직임이 단시간에 확산되는 현상을 "티핑 포인트"라고 한다. 한국 사회의 역사는 수많은 티핑 포인트들의 이어짐으로 이해할 수 있을 정도로 급격한 소용돌이의 변화에 익숙하다. 우리는 이 책에서 한국 사회에서 목격된 최근의 급격한 변화상을 티핑 포인트의 관점에서 이해하고자 한다.

아무도 예상하지 못한 어느 순간에 특정 사상이나 유행이 사회 전체로 확산, 증폭되어 간다는 점에서 티핑 포인트의 관점은 한국 사회의 변화를 이해하는 데 설득력을 지닌다. 예를 들어 금융위기, 월드컵에서의 붉은악마의 응원 열기, 노사모의 활동에 의한 대통령 선거의 쏠림 현상, 탄핵정국으로 인한 정치 지형의 급격한 변화 등은 모두 어느 한 순간에 한 방향으로 판세가 급격히 기울어지는 현상을 보였다. 즉, 전형적인 티핑 포인트(tipping point)의 현상이 이러한 일련의 사건들을 관통하고 있다.

일반적으로 티핑 포인트는 한 현상이나 사건이 전체적으로 확산, 증폭되어가는 시점에 초점이 맞추어진다. 말콤 글래드웰(2004)은 티핑 포인트의 세 가지 특징으로 전염성이 있다는 점, 작은 사건이 엄청난 결과를 가져올 수 있다는 점, 이런 변화가 극적인 순간에 발생한다는 점 등을 들고 있다.

그러나 티핑 포인트의 개념만으로는 사회 변화의 구조적인 동인을 이해하기 어렵다. 티핑 포인트란 급격한 변화라는 현상 내지는 시간적인 순간에만 초점을 두기 때문이다.

## 약자의 선순환

티핑 포인트가 발현되는 사회적인 구조를 보다 체계적으로 이해하기 위하여 우리는 시스템 사고(systems thinking)를 활용하기로 하였다. 즉, 티핑 포인트라는 급격한 변화를 몰고 오는 구조로서 선순환 내지는 악순환이 존재하리라는 것이다. 선순환(악순환)은 변화가 다시금 추가적인 변화를 불러일으킴으로써 급격한 변화를 창출하는 메커니즘이다. 마치 산 위에서 조그마한 눈덩어리가 굴러 내려가면서, 거대한 눈덩어리가 만들어지는 것과 같은 이치이다.

최근 한국 사회의 변화를 바라보면서, 우리는 어떠한 선순환이 그 변화의 이면에서 작용하고 있는지를 고민하였다. 그리고 우리 두 사람은 다행히 같은 결론에 도달할 수 있었다. 즉, 약한 자에 대한 지지가 쌓이고 그 위에 또 쌓이는 '약자의 선순환(weakers' circle)'이 작동하였다는 것이다. 한국 사회의 급격한 변화 즉 티핑 포인트들이 겉으로는 다양한 사건들로 인식되지만, 그 구조적인 이면에는 약자의 선순환이라는 동일한 메커니즘이 작용하여 왔다는 것이다.

다른 한편으로 우리 사회에는 '강자의 선순환(또는 악순환)'이 존재하여 왔다. 강자라는 오직 한 가지 이유로 인하여 지지와 존경을 보낸다. 많은 국회의원을 가지고 있는 정당이기 때문에 지지하며, 비싼 값이 매겨져 있기에 명품으로 인정하고, 들어가기 힘든 학교에 들어갔다는 이유만으로 특별한 존경을 보내는 강자의 문화가 존재한다. 강자의 선순환은 약자의 악순환을 의미하기도 한다. 오로지 약하다는 이유만으로 천시하고 무시하면서 짓밟으려는 문화는 약자를 더 약하게 만들기 때문이다.

그러나 강자의 선순환 또는 약자의 악순환과 반대편으로 작동하는 약자의 선순환 메커니즘이 한국 사회에 존재한다는 점이 최근의 사회 변화를 분석하면서 우리들이 내린 결론이다. 이러한 결론은 기존의 티핑 포인트 개념으로는 설명할 수 없다. 약자의 선순환 메커니즘에서는 약한 자이기 때문에 지지와 희망을 보낸다. 내가 필요로 하는 자에게 지지를 보내는 것이 아니라, 나를 필요로 하는 자에게 지지를 보내는 양심이 하나의 메커니즘으로서 우리 사회에 면면히 흘러 왔으며, 우리 사회를 변화시키는 원동력으로 작용하여 왔다는 것이다.

## 평범한 트리거들

그러나 우리의 토론이 이어지면서 무언가 부족하다는 점을 서로가 느끼게 되었다. 우리의 아이디어를 시스템다이내믹스 학회에서 발표하고 토론하면서 우리는 무엇이 부족했었는지를 확인할 수 있었다. 즉, 약자의 선순환이라는 구조를 작동시키는 사람에 관한 논의가 필요하다는 것이었다.

아무리 탄약이 풍부하게 장착되어 있는 총이라고 할지라도, 그 총을 발사하는 사람 즉 '트리거(trigger)'가 필요하다는 것이다. 사나운 고양이 목에 방울을 걸 쥐가 필요하듯이, 약자의 선순환을 발동 걸 사람이 필요한 것이다. 우리는 곧 이어 새로운 토론을 시작하였다. 우리 사회의 급격한 변화에서 트리거들은 어떠한 사람들이었는가 하는 점에 관해서 말이다. 흔히 사회 변화를 일으키는 사람들은 위대한 영웅이라고 생각하기 쉽다. 그러나 사실은 그렇지 않았다. 우리 사회의 급격한 변화를 가져온 사람들, 약자의 선순환이 돌아가도록 총을 발사한 사람들은 지극히 평범한 사람들이었다.

사회의 급격한 변화를 의미하는 티핑 포인트, 이를 가능하게 만드는 사회 구조로서의 약자의 선순환, 그리고 그 선순환을 작동시키는 평범한 사람들. 우리는 이 세 가지 개념들을 가지고 최근 발생한 한국 사회의 급격한 변화들을 설명할 수 있다는 점에 흥분하였다. 그리고 최근 우리 사회의 변화를 이해하기 위한 세 가지 개념들을 가지고 더 앞에 있었던 우리 사회의 변화도 이해할 수 있다는 점에 놀라기도 하였다. 그것은 동학혁명과 3.1운동, 4.19혁명, 1987년 6월항쟁 등과 같이 우리 사회의 자율성과 민주성을 확립시키는 데 결정적인 변화를 가져온 티핑 포인트들이었다.

# 근현대사에서 목격한
# 티핑 포인트들

한국 사회 변화의 중심에는 결정적인 사건들이 있었다. 사건은 겉으로 드러나는 현상과 안으로 숨겨진 구조로 이루어진다. 사건의 현상에 초점을 두면 우연히 발생한 것처럼 보이지만, 사건의 구조를 살펴보면 역사의 필연을 목격하게 된다. 사회 변화를 몰고 오는 결정적인 사건들은 우발적이거나 우연이 아니라 구조적인 메커니즘을 가지고서 발생되기 마련이다.

우리 사회의 근대와 현대를 열어간 동학농민운동, 3.1독립운동, 4.19혁명, 광주민주화운동, 그리고 1987년 6월항쟁은 개별적인 우연으로 보이지만, 가만히 살펴보면 구조적인 메커니즘 속에서 필연적으로 발생된 사건들이었다. 즉, 복수의 트리거와 약자의 선순환이 티핑 포인트와 결합되면서 사회 변화를 이끌어 내었다는 점이다.


## 동학농민운동

동학농민운동은 겉으로는 고부군수 조병갑의 폭정에 항거하면서 일어난 우연한 사건에서 비롯했다. 주체는 농민군이었다. 역사 이래 농민들은 이 땅에서 가장 평범한 사람들이었다. 이러한 평범한 사람들이 폭발한 계기는 조병갑의 학정이라는 개별적인 사건만은 아니었다.

조병갑은 만석보(萬石洑)를 증축할 때 군민에게 임금도 주지 않고, 수세를 징수 착복했다. 또한 선량한 이에게 죄목을 씌워 재산을 착취했다. 게다가 결정적으로 태인군수를 지낸 부친의 비각을 세운다고 금품을 강제로 징수하였다. 공적인 명분도 아니고 자신의 아버지의 비를 세운다는 명목으로 농민에게 가혹하게 징수한 것이다. 이것이 결정적인 농민 항거의 이유가 되었다.

고부군수 조병갑의 송덕비 비용 징수는 단순히 하나의 사건

에 불과했지만 조병갑의 학정에 견디지 못해 삼삼오오 말목장
터에 모인 평범한 농민들은 거대한 역사 변화의 힘으로 분출되
었다.

또한 1893년 12월의 농민들의 항거는 조병갑에 대한 저항
만이 아니었다. 조선 체제의 구조적인 부패와 학정은 양반적
신분적 질서와 왕조 체제라는 강자의 사회에서 비롯했다. 1차
고부 습격이나 1894년 4월의 2차 봉기는 강자의 횡포로 인해
한맺힌 약자들이 할 수 있는 마지막 행동이었다.

여기에 접과 포를 지닌 동학은 체계적인 조직과 소통구조를
제공했을 터이다. 동학이라는 조직이 변화의 주체라고만 할
수 없는 이유다. 동학 조직만으로는 농민전쟁이 일어날 수 없었
다. 그러나 동학을 빼고는 갑오농민전쟁을 설명할 수 없다. 동
학이 농민전쟁과 만났기 때문에 동학농민전쟁이 일어났다. 그
것은 시스템의 시간적 성숙과 밀접한 것이었다. 동학은 1860
년 4월 5일 최제우에서 비롯되어 최시형을 거치면서 전국적인
조직으로 불어난다. 농민전쟁까지는 14여 년의 시간이 필요했
다.

중요한 것은 고부 관아를 습격한 것이 결정적인 티핑 포인
트가 되면서 농민군이 삽시간에 불어나기 시작했다는 것이다.
즉 농민군이 처음부터 끝까지 그대로 유지되는 것이 아니라
점점 불어나게 된다는 점이다. 조선 체제만이 아니라 일제를

비롯한 열강제국주의라는 강자에 대한 저항이었다. 이는 단지 농민들이 자신의 처지를 개선하기 위해서만이 아니라 무고한 약자들을 괴롭히는 조선체제와 제국주의에 대한 약자의 선순환이 발동된 것이라고 볼 수 있다.

이러한 동학농민혁명은 무엇보다 사회 모순에 대한 약자들의 저항과 사고를 깊게 하였고, 새로운 사회에 대한 모색을 광범위하게 확산시켰다. 또한 이 때의 경험은 일제와 현대사에 걸쳐 약자의 선순환에 의해 움직이는 저항과 변화의 역사의 전형이 되었다. 무엇보다 이러한 일련의 사건들은 한순간에 일어난 것이 아니라 여러 티핑 포인트들을 가지고 연결되었다는 사실이다.

## 3.1 만세 운동

삼일(3.1)운동은 무저항(無抵抗, Non-Resistant), 비폭력(非暴力, Non-Violence)이 특징이다. 1919년 3월 1일 기미독립운동은 일제의 침략 무력 통치 체제에 대한 항거였다. 항거는 강자에게 억압받는 약자들이 행사할 수 있는 최후의 수단이다. 특히 무저항과 비폭력 항거는 약자가 자신의 생명을 건 마지막 저항 행위다.

일제는 1910년 이후 민족독립운동을 탄압하는 헌병 경찰 통치체제를 구축했다. 수많은 사람들을 학살·투옥했고, 언론·출판·집회·결사의 자유 등 근대 민주주의 기본권을 박탈했다. 학교에서는 민족교육이 억압받았다. 1910년에서 1918년에 걸쳐 실시된 토지조사 사업 이후 수많은 토지가 억울하게 일제에게 넘어갔으며 수많은 농민들은 소작농·화전민으로 전락했다. 이렇게 일제의 무단 침략 통치체제는 이 땅의 힘없는 사람들의 마음에 고통스런 한을 쌓게 했다. 억눌린 한은 티핑 포인트와 트리거를 통한 폭발의 시점을 기다리는 에너지이다.

흔히 민족자결주의가 삼일 운동의 사상 배경이라고 한다. 그러나 반드시 이것 하나만 생각할 수는 없다. 여러 가지 포인트들이 연계되어 있기 때문이다. 1918년 1월, 전승국인 미국의 대통령 윌슨은 파리 강화회의에 1차 세계대전 전후 처리 원칙을 제출했다. 그 원칙에서 그는 '각 민족의 운명은 그 민족 스스로 결정 한다'는 이른바 민족자결의 원칙을 주장했다. 이 정보는 한국을 비롯하여 여러 나라의 식민지 지식인들에게 분명 자극을 주었다. 그래서 강대국에 호소하면 된다고 생각하기에 이른다.

1918년 11월 여운형·김규식·장덕수 등이 신한청년당을 결성, 독립청원서를 중국에 온 미국 특사에게 전했다. 1919년 1월 김규식을 파리 강화회의에 대표로 파견하고 국내외 독립운동가들과 독립운동의 방법에 관하여 논의했다. 도쿄에서는 1919년 2월 도쿄조선인유학생 학우회가 중심이 되어 조선독립청원단을 만들고 민족대회소집 청원서와 독립선언서를 발표했다.

이러한 외부의 사건들에 더하여 정작 중요한 사건은 국내에서 발생한다. 1919년 1월 21일, 고종 황제의 갑작스런 죽음이 일어난다. 일제가 저지른 독살이라는 소식이 퍼지면서 일본에 대한 증오는 극도에 달하였다. 해외의 움직임을 알게 된 손병희·최린 등 천도교 측 인사들과 이승훈 등 평안도의 기독교계 인사들이 국내 독립 선언을 계획했다. 거사 계획일은 사람들이 많이 모이는 고종의 장례일인 3월 1일이었다. 이에 불교계의 한용운 등 천도교·기독교·불교 3개 교단이 참가하기로 결정하였다.

이들은 독립선언과 일본에 대한 독립청원, 대중화·일원화·비폭력의 3원칙에 따라 진행하려했다. 2월 27일 독립선언서가 종교교단을 중심으로 미리 배포되었고 고종의 장례일인 3월 1일 정오, 서울을 비롯하여 평양·진남포·안주·의주·선천·원산 등지에서 동시에 독립 선언식이 이루어졌다.

그런데 종교계의 '민족대표 33인'은 태화관에 모여 독립선언의 취지를 밝히고 바로 일제 경찰에 자수했다. 왜 자수를 했을까? 그들은 원래 독립선언식을 종로의 탑골공원에서 하기로 학생들과 합의했다. 그런데 학생·시민들이 전면적인 시위에 나서면 비폭력 원칙이 깨지고 그럴 경우 강대국들의 지지를

얻지 못한다고 생각했기 때문이다. 전 민족적인 시위가 오히려 위험하다고 생각했다. 그들은 트리거의 역할을 했지만 자신들의 통제력으로는 이미 증폭되기 시작한 메커니즘을 막을 수 없었다. 여기에 선순환 구조를 더 촉발시키는 다른 트리거들이 등장했다.

그들이 자수를 했어도 탑골 공원에서는 학생들이 독립선언서를 낭독했다. 이 낭독이 매우 중요한 역할을 했다. 이 낭독이 있은 후 사람들은 독립만세의 함성을 외치며 거리 시위에 나섰다. 이후 탑골 공원의 독립선언서 낭독은 자연 발생적으로 폭발하는 만세 시위운동으로 급격하게 확산되었다.

그것을 계기로 그동안 일제에 억눌리고 침탈당한 한이 분출하기 시작한 것이다. 탑골 공원의 독립 선언식은 이를 터트린 트리거였던 것이다. 이러한 만세 운동은 마침내 강자 일제에 침탈당한 약자들의 비폭력, 무저항 만세운동이라는 티핑 포인트를 만들어 낸다. 분명한 것은 단지 지식인 지도자들에 의해서나 민족자결주의 때문에 전적으로 삼일 운동이 성립한 것은 아니라는 점이다.

3월 초 이후 주로 대도시에서 일어났던 만세시위는 각 지방의 중소도시와 농촌으로 급속하게 번져갔다. 이름 없는 수많은 사람들이 자발적으로 참여한 독립만세운동은 5월까지 그야말로 전국 방방곡곡에 걸쳐 계속되었다. 특히 3월 하순에서 4월

상순 사이에는 동시다발적인 운동이 되어 최고조에 이르러 다른 운동에 영향을 주었다. 노동운동으로 번지는가 하면 서울·평양·선천 등지에서는 상인들이 철시(撤市)운동을 벌였다. 농촌에서는 횃불시위와 산 위의 봉화시위가 벌어졌다.

일본 측의 자료에 따르면 집회 횟수 1,542회, 참가인원 202만 3,089명, 사망자수 7,509명, 부상자수 1만 5,961명, 피검자수 5만 2,770명이었다. 많은 사람들이 죽거나 다쳤지만 그들은 대개 무력 수단 없이 항거했다. 이 과정에서 일제는 맨손으로 시위하는 사람들을 무자비하게 진압하였고 이러한 행동이 오히려 사람들의 더 많은 분노를 불러일으켰다. 무기 없는 사람들을 잔인하게 짓누른 것이 오히려 수많은 사람들로 하여금 만세 운동에 동참하게 만들었다. 아무런 무기 없는 약자들을 총칼로 잔인하게 진압한 것이 오히려 역효과를 냈던 것이다.

한편 해외에도 영향을 미쳐 간도·연해주·미국 등에서도 동조 시위가 일어났다. 북간도에서는 3월 13일 용정에서의 독립선언식이 최초였으며, 서간도에서는 3월 12일 류허현(柳河縣) 싼위안푸(三源堡), 연해주에서는 3월 17일 독립선언과 시위가 시작되었다. 미국에서는 샌프란시스코와 하와이 등지에서 모금활동이 이어졌다.

이 운동의 결과 일제의 무단통치가 끝났다. 무력 앞에서 목숨을 버리며 항거하는 약자의 전략에 놀랐기 때문이다. 약자를 최대한 대변하는 민주공화제 이념이 한꺼번에 확산되었으며 공화제 형태의 대한민국 임시정부가 상해에 들어서게 된다. 또한 중국의 5.4운동 등 아시아 약소민족의 해방운동에 많은 영향을 미쳤다. 내부적으로는 강자인 일제의 본질에 대해 약자의 시각에서 민족적·계급적 각성이 깊어졌다. 무엇보다 누구나가 참여하여 거대한 변화를 이끌어 낼 수 있다는 인식을 가지게 되었다.

## 4.19혁명

4.19혁명 역시 힘없는 약자들이 트리거가 되어 약자의 선순환 메커니즘을 증폭시켜 티핑 포인트를 형성한 전형적인 사례이다. 이승만 정권은 3·15부정 선거를 대규모로 자행했다. 부산과 마산에서 대규모 시위가 일어났다. 마산에서 3월 15일 부정 투표를 확인한 민주당이 '선거무효'를 선언했다. 이것을 기점으로 시청 주변에 1만여 시민·학생이 모여 시위했다. 이날 시위 진압과정에서 경찰의 발포로 9명이 사망했다. 고등학생인 김주열도 이날 사망했고 4월 11일에야 마산 중앙부두 앞바다에서 최루탄이 눈에 박힌 채 시신이 인양되었다. 이에 격분한 시민 2만여명이 모여들어 제2차 마산 시위가 발생했다.

경찰이 쏜 총에 2명이 사망하고 14명이 중상을 입었으며 1,000여명이 체포되었다. 그러나 이승만 정권은 마산 사건은 북괴간첩이 양민을 선동하여 일으킨 난동이라고 언론을 통제했고, 부화뇌동하면 가차 없이 처벌하겠다고 협박했다.

강자인 독재 세력이 경찰력으로 무고한 시민들을 죽이고 오히려 진실을 왜곡한다는 사실이 알려지면서 사태는 걷잡을 수 없을 지경에 이르게 되었으며, 결국 시위는 서울로 확산된다. 서울에서는 대학생들이 시위를 준비하고 있었는데 4월 18일 먼저 고대생 4,000여명이 교내 집회를 마치고 국회의사당 앞에서 연좌시위를 가졌다. 그런데 시위 뒤 귀교 길에 청계천 4가에서 정치깡패 100여명에게 무차별 구타를 당했다. 학생

40여명과 기자 3명이 부상당했다.

이 같은 소식이 알려지자 4월 19일 오전 8시 30분 서울 대광고의 시위대를 출발로 20만 초·중·고·대학생과 시민들이 광화문과 중앙청, 국회의사당 등에 모여 시위를 벌였다. 수천 명이 경무대를 향하여 진격하자 경찰 실탄을 발포하기에 이르렀으며, 그 결과 수십 명이 사망, 부상했다. 시위대는 더 이상 공권력으로 통제되지 않는 지경에 이른다. 결국 이승만 정권은 무너지고 민주정부인 제2공화국이 들어선다.

4.19 혁명 역시 강자의 억압에 눌려 있던 약자들의 저항이 순식간에 표면으로 드러나는 티핑 포인트의 과정을 잘 보여준다. 특히 처참한 모습으로 떠오른 김주열의 시신은 전국적인 시위에 불을 댕긴 트리거의 역할을 하였으며, 약자들의 평화적인 시위에 대한 폭력적인 진압은 더 많은 약자들의 시위를 촉발시키는 도화선이 되었다. 이러한 과정은 우리 민족의 역사에서 수없이 반복되어 왔다.


## 1987년 6월 항쟁

1987년 1월 15일 경찰은 조사받던 박종철 군이 탁하니 억하고 죽었다고 발표했다. 그런데 박종철의 부검의였던 중앙대학교

부속 용산병원 내과전문의 오연상이 '고문치사일 가능성이 높다'고 증언한 사실이 알려졌다. 1월 19일 경찰은 다시 사망원인이 '물고문'에 의한 질식사이고 고문자는 조한경 경위와 강진규 경사 등 2명이라고 밝혔다. 그러나 치안본부 대공분실이라며 비공개로 현장 검증을 했고, 연행시간, 결정적인 사망 경위, 고문 가담자의 수 등에 대한 의혹들을 그대로 둔 채 수사가 마무리 되었다.

그러자 박종철군 고문치사 사건을 규탄하고 철저한 수사를 요구하는 성명서 발표와 추도미사 및 기도회, 항의농성 등이 잇따랐다. 무고하게 죽은 학생은 그야말로 약자였고 그를 죽인 독재 권력은 강자임에 틀림없었다.

하지만 군사 정권은 개헌 요구를 거부하는 이른바 '4·13 호헌조치'를 발표했다. 4·13 호헌조치는 즉각 거센 반대 여론을 불러일으켰고 호헌조치를 반대하는 서명과 농성이 마른 들판에 번지는 불처럼 번져갔다. 나아가 넥타이 부대로 상징되는 일반 시민들이 방관자적 태도를 버리고 합류하기 시작했다.

5월 18일 광주민중항쟁 7주년 추모미사에서 김승훈 신부가 "당국은 철저하게 이 사건을 은폐했고 그 과정 일체도 조작해서 국민을 다시 한번 속였다"며 박종철 군을 고문한 경관이 모두 다섯 명임을 폭로했다. 그러자 시민들의 분노는 더욱 고조되었다.

시위와 항거가 정점으로 치닫고 있던 1987년 6월 9일 오후 5시 경. 또 한 명의 불행한 희생자가 결정적인 트리거의 역할을 하게 된다. 전두환, 노태우 화형식을 끝내고 연세대 정문 앞에서 1천여 명의 학생들과 경찰 간에 화염병, 돌멩이, 최루탄의 치열한 공방전이 벌어졌다. 이때 한 학생이 최루탄에 맞아 길거리에 쓰러진다. 그가 6월 항쟁을 결정적으로 증폭시킨 이한열 군이었다. 그가 쓰러진 장면을 찍은 한 장의 사진은 1987년 6월 항쟁을 결정적으로 촉발시킨다. 코와 입에 피를 흘리며 의식을 잃어버린 이한열군, 그리고 마스크를 쓴 채 그를 붙잡고 분노의 눈길로 진압 경찰을 바라보는 그의 친구를 담은 이 한

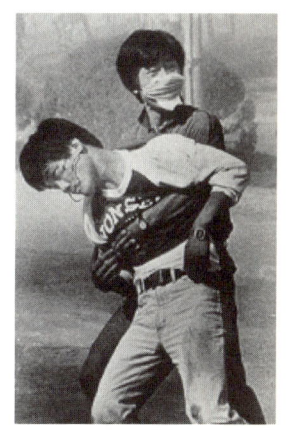

장의 사진은 6월 항쟁 기폭제의 상징이었다.

그는 역시 순수한 학생이었다. 약한 학생을 죽인 독재 권력은 강자일 뿐이었다. 이러한 이한열군의 죽음이 전해지자, 군사 정권의 폭압성에 대한 더 큰 분노가 휩쓸고 지나갔다. '민정당 제4차 전당대회 및 대통령후보 지명대회'가 열리고 있던 6월 10일, 서울에서만 30여 곳에서 시위가 벌어졌다.

이때 6월 항쟁의 또 다른 기폭제가 된 5일간의 명동성당 농성이 시작되고 있었다. 이 명동성당 농성을 중심으로 서울에

서는 집중적인 시위가 벌어진다. 6월 18일 전국 16개 도시에서 항쟁 기간 중 최대 인파인 1백50만명(국민운동본부 집계, 경찰 발표는 8만 6천 명)이 거리로 나왔다. 6월 26일 국민운동본부 중심으로 개최한 '국민평화대행진'에서 전국의 34개 도시와 4개 군에서 1백만 명(국민운동본부 집계, 경찰 발표는 5만 8천 명)이 거리로 나왔고 광주에서는 약 30만의 시민이 거리를 메웠다.

마침내 전두환 정권은 노태우 씨를 통해 직선제 개헌의 수용과 구속자 석방 및 김대중 씨의 사면·복권을 핵심 내용으로 하는 6·29 선언을 발표하기에 이른다.

이렇게 한국 사회를 변화시킨 근현대의 굵직한 현상과 사건들이 가능했던 것은 일정한 메커니즘이 존재하고 트리거를 통해 티핑 포인트를 만나며 이 과정에 약자의 선순환 구조가 작동하였기 때문이다. 이러한 점은 최근의 한국 사회를 변화시키는 구조적 원인과 밀접하게 연결되어 있다. 그렇다면 약자의 선순환 구조는 구체적으로 어떠한 모양을 지니는가? 다음 장에서 우리 역사의 한 축을 형성하여 온 약자의 선순환 구조를 보다 깊이 있게 논의한다.

# 약자의 선순환과 시스템 사고

최근 한국 사회에 급격한 변화를 몰고 온 중요한 메커니즘은 약자의 선순환이다. 거대한 변화라는 티핑 포인트는 변화를 증폭시키는 약자의 선순환이라는 구조적인 동인에 의해 형성 되었으며, 약자의 선순환이라는 수레바퀴를 돌린 평범한 트리 거들이 이 사회에 존재하였다는 것이다. 이것이 우리가 최근의 사회 변화 속에서 발견한 본질적인 흐름이다.

여기에서는 약자의 선순환을 보다 깊이 이해하고자 한다. 왜 약자의 선순환이 변화를 증폭시키는지, 그 증폭 현상이 왜 필연적으로 발생될 수 밖에 없는지를 이해하고자 한다. 선순환 구조의 메커니즘을 충분히 이해하기 위해서는 시스템 사고에

관한 배경 지식이 필요하다. 먼저 간략하게 선순환 구조에 관한
시스템 사고를 설명하고 약자의 선순환 구조에 관하여 보다
깊이 논의하기로 한다.

## 선순환 구조 = 양의 피드백 루프 = 변화의 증폭

시스템 사고(systems thinking)는 시스템의 변화 메커니즘
을 구조적인 차원에서 이해하려고 하는 학문적 방법론을 의미
한다(김동환 2004, 2000 참고). 시스템 사고는 기존의 정적
인 관점을 지양하고 동적인 변화에 초점을 둘 것을 강조한다.
이러한 점에서 시스템 사고는 최근 한국 사회의 변화를 이해하
기 위한 적절한 접근 방법이라고 할 수 있다.

시스템 사고는 변화의 원동력을 피드백 루프(feedback
loop)에서 찾는다. 피드백 루프란 여러 인과관계들이 순환을
이루는 것을 의미한다. 여러 인과관계들이 순환을 이룰 때, 각
인과관계들이 창출하는 변화가 지속적으로 순환된다. 피드백
루프는 지속적으로 변화를 창출하는 메커니즘이다. 피드백 루
프를 구성하는 인과관계들은 음의 인과관계와 양의 인과관계
로 구분된다. 원인 변수와 결과 변수간의 변화 방향이 서로
다르면 음의 인과관계이며, 그 변화 방향이 서로 같으면 양의

인과관계이다.

예를 들어 시스템을 개혁하려는 노력이 강하면 강할수록, 시스템은 강하게 저항한다. 이때 두 변수는 같은 방향으로 변화하기 때문에 양의 인과관계라고 할 수 있다. 거꾸로 저항이 강할수록 개혁이 멈칫거린다. 이때의 인과관계는 반대 방향으로 움직이기 때문에, 음의 인과관계라고 할 수 있다.

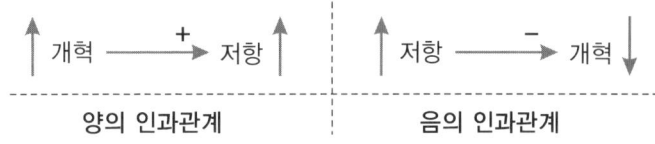

음과 양의 두 가지 인과관계가 있듯이, 피드백 루프도 음과 양의 두 가지로 구분된다. 첫째, 음의 피드백 루프(negative feedback loop)는 변화를 억제하고 균형을 유지하는 속성을 지닌다. 둘째, 양의 피드백 루프(positive feedback loop)는 변화를 지속적으로 증폭시키는 메커니즘이다. 피드백 루프의 극성(polarity, 음 또는 양)은 내부의 인과관계들의 극성에 의해 결정된다. 피드백 루프를 구성하는 인과관계들 중에서 음의 인과관계가 홀수인 경우에는 음의 피드백 루프가 되고, 거꾸로 음의 인과관계가 하나도 없거나 짝수 개 있는 경우에는 양의 피드백 루프가 된다.

개혁과 저항 사이의 인과관계들 역시 두 가지 종류의 피드백 루프로 구성될 수 있다. 음의 피드백 루프로 구성되는 경우, 개혁을 하면 할수록 저항이 거세지기 때문에, 더 이상 개혁을 할 수 없게 된다. 그러나 개혁에서 저항으로의 인과관계가 음의 극성으로 변하는 경우, 피드백 루프는 양의 피드백 루프를 형성한다. 이 경우 개혁을 하면 할수록 저항이 감소하여, 더욱 더 개혁하기 쉬운 상태로 변화되고 결국 개혁은 점점 더 가속된다.

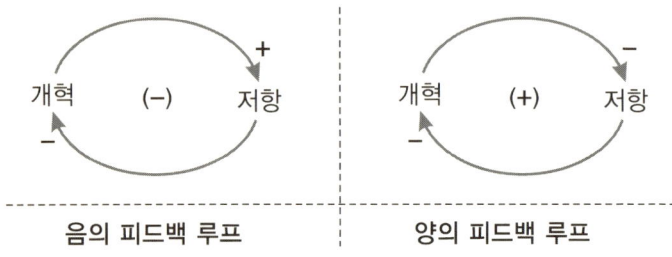

음의 피드백 루프 양의 피드백 루프

음의 피드백 루프를 개혁에 저항적인 시스템이라고 한다면, 양의 피드백 루프는 개혁에 순응적인 시스템이라고 할 수 있을 것이다. 자율적인 의사결정을 존중하는 시장이 개혁에 저항적인 시스템이라고 한다면, 타율적인 의사결정 즉 명령을 존중하는 관료체제는 개혁에 순응적인 시스템이다. 조직이나 제도를 개편하는 것과 같은 강도 높은 개혁은 관료체제에서는 어렵지 않게 수행할 수 있지만, 시장체제에서는 강한 저항에 부딪히게 마련이다. 그러나 거꾸로 부드럽고 약한 개혁은 관료체제에서는 강한 저항에 부딪힌다. 이를 보고 종종 관료체제를 개혁에 저항적이라고 오해하곤 한다.

양의 피드백 루프는 변화를 선호하고 창출한다면, 음의 피드백 루프는 변화를 싫어하고 억제한다. 변화가 극심한 사회는 양의 피드백 루프에 의해 지배되는 사회이다. 거꾸로 변화가 없는 조용한 사회라고 한다면, 그러한 사회는 음의 피드백 루프에 의해 지배되는 사회일 것이다. 최근 우리 사회는 극심한 변화를 보이고 있는 만큼, 양의 피드백 루프가 지배하는 사회이다.

이 책에서 설명하고자 하는 약자의 선순환은 변화를 증폭시키는 메커니즘이다. 그렇기 때문에 약자의 선순환은 양의 피드백 루프라고 생각할 수 있다. 한국 사회를 급격히 변화시키는 메커니즘은 양의 피드백 루프에서 찾을 수 있다.

## 약자와 강자의 상호의존성

약자는 강자와 쌍을 이루는 개념이자 집단이다. 약자는 강자와의 상호작용 속에서 존재한다. 강자 역시 마찬가지이다. 강자는 약자의 존재를 전제로 할 때 성립할 수 있는 개념이자 실체이다. 약자와 강자는 상대적인 개념인 만큼, 상호의존적인 개념이다. 개념상으로만 상호의존적일 뿐만 아니라 존재 방식으로서도 상호의존적이다. 이러한 상호의존성은 약자와 강자 간에 형성되는 가장 기본적인 관계이다.

약자와 강자 간의 상호의존성은 음의 피드백 루프를 통해 이해될 수 있다. 약자의 많이 존재하는 경우, 강자는 풍요롭게 된다. 그러나 강자가 많아지는 경우, 약자는 점점 더 피폐하게 된다. 약자를 사슴으로 강자를 사자로 생각할 수 있다. 사슴이 많아지면, 사자의 번식이 많아진다. 그렇기 때문에 약자에서 강자로 가는 인과관계는 양의 인과관계이다. 그러나 거꾸로 사자가 많아지면 사슴이 줄어든다. 그만큼 많이 잡아먹히기 때문이다. 따라서 강자에서 약자로 가는 인과관계는 음의 인과관계이다.

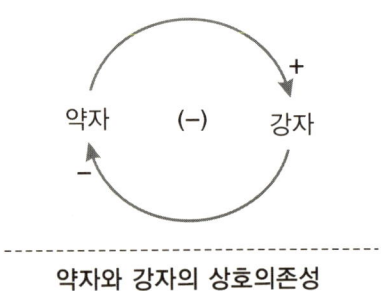

**약자와 강자의 상호의존성**

결국 전체적으로 음의 피드백 루프가 형성된다. 음의 피드백 루프는 안정적이다. 강자가 증가하기 시작하면서 약자가 감소하면, 강자는 더 이상 증가할 수 없게 된다. 거꾸로 강자가 감소하면 약자가 증가하여, 강자의 숫자는 다시금 증가하게 된다. 약자를 힘없는 상인에 비유한다면, 강자는 조직폭력집단에 해당된다. 상인이 많아지면, 조폭이 증가한다.

그러나 조폭이 무한정 증가할 수는 없다. 상인들이 감당할 수 없을 정도로 조폭이 많아지는 경우, 조폭들은 구조조정의 과정에 돌입하게 된다. 생사를 건 싸움을 통하여 가장 강한 조폭이 생존하게 된다. 음의 피드백 루프는 강자와 약자의 숫자에 균형을 유지하는 힘이다. 거꾸로 범죄와의 전쟁을 선포한 정부에 의해 일시에 조폭이 사라지는 경우, 음의 피드백 루프는 새 강자를 탄생시킨다. 새로운 조폭이 결성되어 강자 행세를 하면서 상인들을 갈취하게 된다.

이렇게 약자와 강자는 묘한 상호의존성의 함정에 사로잡혀 있는 셈이다. 약자는 강자를 부정하려고 하지만, 강자가 사라지는 순간, 약자는 더 이상 약자로 존재할 수 없게 된다. 약자 중 일부가 강자로 등극하면서, 약자와 강자의 음의 피드백 루프는 운명처럼 다시 돌아간다.

강자의 경우도 마찬가지이다. 어느 날 갑자기 약자들이 사라진다면, 강자들은 재앙을 피할 수 없게 된다. 피를 부르는 강자들 간의 싸움을 통하여 새로이 약자들이 양산된다. 새롭게 탄생된 약자들과 강자간의 먹고 먹히는 사슬이 형성되면서, 음의 피드백 루프는 저주받은 운명처럼 다시 돌아간다.

약자는 강자가 있음으로 해서 존재하고, 강자 역시 약자가 있음으로 하여 존재한다. 이것이 약자와 강자 간에 존재하는 기본적인 상호의존성이며, 피드백 루프이다. 그렇기 때문에 강자와 약자는 억압과 착취의 관계인 동시에 보호와 양육의 관계인 것이다. 강자는 무한정 약자를 착취할 수 없다. 오히려 약자를 보호해야 한다. 그래야 착취할 수 있기 때문이다. 이러한 과정에서 약자는 강자를 자신의 보호자로 오해하곤 한다. 약자들은 자신의 동료인 약자보다도 강자를 더 좋아하곤 한다. 최후의 어느 순간에는 먹이가 될지언정, 그 마지막 순간까지는 강자의 보호를 받기 때문이다.


## 약자의 저항과 강자의 보복

약자와 강자는 본질적으로 상호의존적 관계를 형성하지만, 항상 그런 것은 아니다. 구석에 몰린 쥐가 고양이를 물듯이, 강자의 억압에 약자가 저항하기 시작할 때가 있다. 약자는 강자의 배를 불리는 도구이기를 거부한다. 오히려 약자는 강자를 무너

뜨리고자 한다. 저항하기로 한 약자는 강자의 착취를 거부할
뿐만 아니라 강자에게 테러를 가하기도 한다. 이렇게 되면,
약자와 강자 사이에 형성된 먹고 먹히는 음의 피드백 루프는
파괴된다. 약자와 강자 사이에는 죽고 죽이는 양의 피드백 루
프가 존재한다.

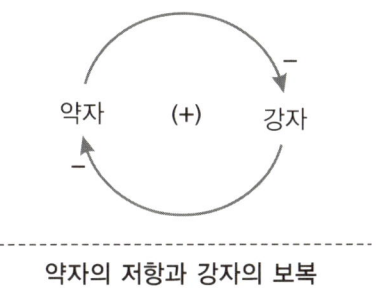

**약자의 저항과 강자의 보복**

약자와 강자 사이에 형성된 양의 피드백 루프는 곧 끝을
향해 질주한다. 그러나 이러한 양의 피드백 루프는 약자의 승리
를 향해 움직이기 보다는 약자의 전멸을 향해 움직일 수밖에
없다. 약자의 저항에 대하여 강자는 전면적으로 약자들을 파괴
시키기 시작하기 때문이다. 약자가 파괴될수록, 강자에 저항하
는 세력이 사라지고 그 만큼 강자는 더 힘을 얻어 약자를 더욱
더 철저하게 파괴한다. 이것이 약자와 강자 사이에서 발생하는
양의 피드백 루프가 초래하는 결과이다.

## 약자의 선순환

그렇다면 약자는 항상 강자에게 당할 수밖에 없는가? 상호의 존성이라는 음의 피드백 루프 속에서 강자에게 먹히는 약자로써 생존하거나, 양의 피드백 루프 속에서 전멸되거나 둘 중의 하나일 수밖에 없는가? 다행히 약자들은 새로운 루트를 발견하였다. 약자들이 승리할 수 있는 피드백 루프를 발견한 것이다. 어쩌면 이러한 피드백 루프를 발견하는 것으로 인류의 역사가 진화되어 왔는지도 모른다.

약자가 승리할 수 있는 근원적인 메커니즘은 약자의 고통을 불쌍히 여기고 나의 고통으로 여기는 마음이 우리 사람에게 있다는 점이다. 기독교로 말하면 사랑이며, 불교로 말하면 자비이며, 유교로 말하면 인(仁)이라고 할 것이다. 여기에 우리 사회는 한 가지를 더 가지고 있다. 바로 약자의 한(恨) 이다. 우리 사회에 살고 있는 사람들은 누구나 할 것 없이 많고 적음의 차이는 있을지언정 약자의 한을 마음 깊숙이 묻고 있는 것이다.

이러한 상황에서 약자가 당하는 고통은 약자를 향한 연민을 넘어서서 약자에 대한 지지로 이어진다는 것이다. 약자에 대한 관심의 표현, 심리적인 동일시, 고통의 분담, 물질적인 지원, 정치적인 지지에 이르기 까지 그 지지는 다양하게 표출된다.

바로 여기에서 약자의 선순환 구조가 잉태될 수 있는 것이다. 강자의 억압을 받는 약자에 대한 지지를 증폭시켜 줄 수 있는 양의 피드백 루프가 열리는 것이다. 먼저 약자의 고통과 희생은 약자에 대한 지지를 상승시킨다. 그러나 약자에 대한 지지가 상승하면 강자에게 대한 위협이 증가하여, 위협을 느낀 강자의 억압이 강화된다. 다시금 약자의 고통은 증대되고, 이렇게 증대된 약자의 고통은 약자에 대한 보다 강력한 지지로 연결된다. 이는 양의 피드백 루프를 형성하면서, 강력한 증폭 효과를 창출한다.

다른 한편으로 약자에 대한 지지가 증가할수록, 약자를 지지하는 명분은 강화된다. 보다 많은 사람들이 약자를 지지할수록, 강자가 약자에게 덧씌운 나쁜 이미지가 벗겨진다. 약자는 더 이상 사회적인 악이 아니며 괴팍스러운 존재가 아니라는 점을 보다 많은 사람이 알게 된다. 약자에 대한 지지자가 많아질수록, 약자에 대해 지지하는 것이 사회적으로 옳은 일이라는 인식이 확산된다. 그럴수록 약자에 대한 지지는 더욱 더 강해진다. 결국 약자를 지지하는 명분이 강화될수록 약자에 대한 지지는 더욱 급속히 확산되기 시작한다. 이 역시 양의 피드백 루프를 형성한다.

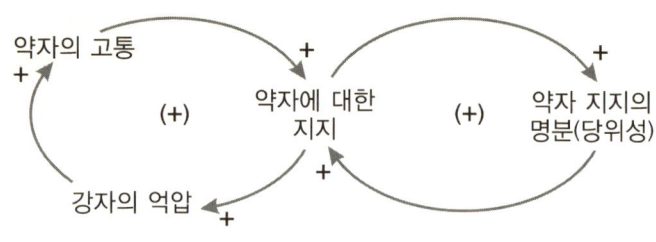

**약자의 선순환 I : 수동적 단계**

---

이렇게 형성된 두 개의 양의 피드백 루프는 약자의 저항을 증폭시키는 메커니즘이다. 강자가 약자를 억누를수록, 약자에 대한 지지는 더욱 증가한다. 이러한 약자의 선순환 앞에서 강자는 무력해 질 수밖에 없다. 강자는 점점 더 힘을 잃고, 약자는 점점 더 많은 지지를 얻는다.

앞서 설명한 약자의 선순환은 약자가 강자에게 당하고 그 피해를 받으면서 지지가 증폭되는 메커니즘이었다. 즉, 수동적인 단계에서 작동하는 선순환이었다.

약자가 행동에 돌입하면서 작동하는 선순환이 있다. 능동적인 단계에서 작동하는 약자의 선순환은 촛불시위와 같은 비폭력과 관련된다. 비폭력은 두 가지 점에서 약자의 선순환을 가져온다. 첫째는 강자의 폭력을 억제하는 양의 피드백 루프이며, 둘째는 약자의 명분을 강화시키는 피드백 루프이다.

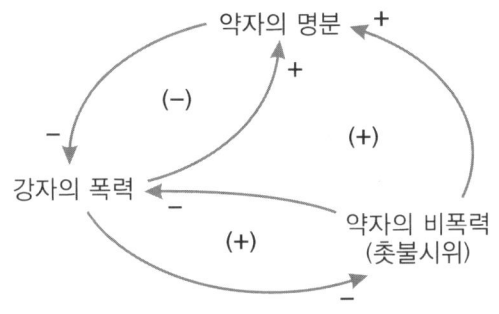

**약자의 선순환 II : 능동적 단계**

먼저 약자가 비폭력을 고수하면, 강자는 폭력을 행사하기 어렵게 된다. 무장하지 않은 약자에게 폭력을 행사하는 순간, 강자의 정당성은 추락하기 때문이다. 강자의 폭력이 감소하면서, 비폭력 운동에 참여하는 사람들은 늘어난다. 강자가 폭력을 행사하지 못한다는 사실이 알려지면서, 보다 많은 사람들이 약자에 대한 지지를 표면화시킬 수 있는 것이다. 다른 한편으로 약자의 비폭력은 약자의 명분을 강화시키면서, 강자의 폭력을 억제한다. 명분을 얻은 약자에 대해서 강자는 폭력을 동원하여 진압할 수 없는 것이다.

이렇게 강자의 폭력은 양의 피드백 루프를 타면서 기하급수적으로 그 힘을 잃는다. 탱크로 무장한 강자는 속수무책으로 코앞에서 벌어지는 약자의 비폭력 시위를 바라보고 있을 수밖에 없다. 시위대를 진압하러 온 전투 경찰에게 하얀 꽃을 달아

주는 여학생 앞에서 강자의 폭력은 무기력해 진다. 이와 동일한 선순환의 힘을 가지고 시위대를 진압하기 위해 출동한 탱크에 올라가 러시아의 옐친은 승리를 선언할 수 있었다.

이것이 바로 약자의 비폭력이 갖는 위대한 힘이다. 약자의 비폭력은 강자의 폭력보다 강하다. 그러나 이 때가 가장 조심해야 할 때이다. 강자가 폭력을 행사하지 못하는 것을 보고, 생각 없는 약자들 혹은 빨리 공로를 성취하고 싶어하는 약자들은 강자에게 폭력을 행사해도 무방하리라고 오해하곤 하기 때문이다. 그러나 폭력 운동을 선택하는 순간 약자는 힘없이 무너지기 시작한다. 약자가 폭력을 선택하는 순간, 약자의 선순환(II)은 중지되면서, 강자의 보복이 시작되기 때문이다. 미국의 흑인 운동에 있어서 말콤 X의 폭력 운동이 실패하고 킹 목사의 비폭력 운동이 성공한 것이 그 대표적인 예라 할 수 있다.

## 승리한 약자의 딜레마

약자의 선순환은 약자에게 승리를 안겨다 준다. 약자는 손에 주어진 영광스러운 승리만을 바라본다. 승리에 도취된 약자는 그 승리를 안겨다 준 선순환을 잊어버린다. 포획한 물고기에 도취하여 그 물고기를 잡은 그물을 잊어버리는 것과 마찬가지이다.

아름답게 조각한 얼음 조각은 추운 들판에 있을 때 그 생명이 오래 간다. 얼음 조각의 아름다움을 많은 사람에게 보이기 위해 많은 사람들이 모여 있는 따뜻한 건물 안으로 이동시킬 때, 바로 그 순간부터 얼음 조각은 녹아내리기 시작한다. 약자의 승리 역시 이와 같은 딜레마를 안고서 출발한다.

첫 번째 딜레마는 약자는 강자라는 상대방을 전제로 할 때 존재할 수 있는 개념이라는 점이다. 약자의 선순환이 작동한다고 해서, 약자와 강자와의 상호의존적 순환이 멈추어 있는 것은 아니다. 다양한 피드백 루프들이 계속해서 돌아가고 있는 것이다. 약자가 승리하였다고 해서, 강자를 인정하지 않는 것은 스스로의 존재 기반을 허물어뜨리는 것과 마찬가지라고 할 수 있다. 인정하기 싫어도, 약자는 강자를 인정할 수밖에 없다. 이것이 첫 번째 딜레마이다.

두 번째 딜레마는 약자가 승리하여 강자로 부상하는 그 순간부터 약자의 선순환은 멈추게 된다는 점이다. 약자이기 때문에 약자의 선순환이 작동했던 것이다. 그 약자가 정치적 집권을 이룩하는 경우, 약자에게 보내던 한이 어린 지지는 멈추기 시작한다. 더군다나 약자의 도덕적 정치적 정당성(명분)은 독선적인 태도를 강화시킬 가능성이 높다. 이러한 독선적인 태도는 양면성을 갖는다. 약자일 때 독선은 선명한 저항 또는 지조로

칭찬받지만, 강자로 등극하였을 때 독선적 태도는 독재 또는 횡포로 비난받는다.

결국 독선적 태도는 정책 실패를 가져오고, 이에 따라 약자에 대한 지지는 점점 더 빠른 속도로 떨어진다. 정치적 지지가 떨어지면 떨어질수록, 약자는 더욱 더 명분에 의지하게 된다. 그리고 약자의 명분이 강조될수록, 독선적 태도는 더욱 강화된다. 이는 더 큰 정책 실패를 가져온다. 이렇게 하여 거대한 양의 피드백 루프가 형성된다. 이번에 작동하는 양의 피드백 루프는 선순환이 아니라 악순환이다. 승리한 약자는 이러한 악순환을 타고 급속히 정치적 지지를 상실하곤 한다.

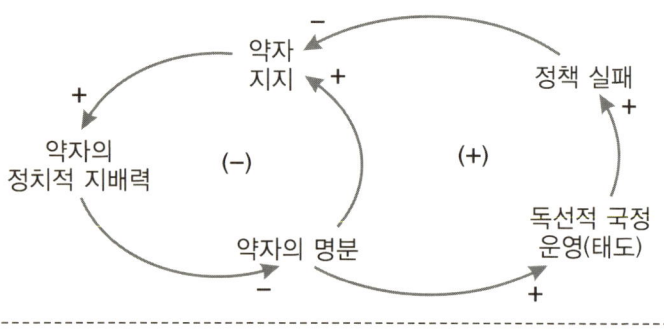

**약자의 딜레마와 악순환**

이는 비단 정책이나 정치의 영역에서만 한정되는 것은 아니다. 시민단체나 노동 단체 등은 모두 시민이나 노동자라는 약자들을 대변한다. 그러나 지지를 많이 받고 조직이 커질수록 자신들의 결정이 옳은 것으로만 믿고, 반대 입장에 선 사람들과 그들의 논리에 대하여 둔감해지기 쉽다. 따라서 갈수록 의사결정의 실패가 나타나고 사안에 대해서 제대로 대응하지 못하는 일이 벌어진다.

이러한 악순환에 빠지지 않기 위해 약자는 승리의 딜레마에 신중하게 대처해야 한다. 먼저 패배한 강자를 인정해 주어야 한다. 승리하기 전에는 강자를 강하게 비난하였을지 모르지만, 승리하고 난 다음에는 강자를 인정해야 한다. 강자를 인정할 때, 약자는 약자로 존재할 수 있기 때문이다. 패배한 강자를 억압하여, 패배한 강자가 약자로 변화되는 순간, 약자의 선순환은 패배한 강자를 위하여 돌기 시작한다. 강자가 약자로 비치기 때문이다.

그러나 패배한 강자를 인정하는 것은 대단히 어려운 일이다. 과거 강자를 공격하던 관성이 있기 때문이다. 갑작스럽게 강자를 인정하기 위한 명분을 찾기도 쉽지 않다. 나아가 강자를 인정하는 것은 동료 집단으로부터 강자와 타협한다는 비난을 감수해야 한다.

다른 한편으로 승리한 약자는 명분에 대한 집착보다는 실리를 강조하는 쪽으로 눈을 돌려야 한다. 명분에 대한 지나친 집착은 독선을 강화시키고 정책 실패를 양산하기 때문이다. 그러나 이 역시 쉽지 않은 선택이다. 명분을 고수하던 약자가 갑자기 실리를 말하는 것은 신념의 포기 나아가 배신이나 변절로 오해받기 쉽기 때문이다.

약자의 승리는 해결하기 어려운 딜레마를 안겨다 준다. 약자는 승리하더라도 고통을 감수해야 하는 운명인지 모른다. 약자에게 승리를 안겨다 준 약자의 선순환을 계속해서 유지해야 하는 어려운 과제를 풀어야 한다. 아마도 자신의 약자성을 제대로 인정하는 겸손과 동료의 비난을 감수할 수 있는 용기만이 승리의 딜레마를 헤쳐갈 수 있는 묘약일 것이다.

이상에서 우리는 약자의 선순환과 승리한 약자의 딜레마에 관하여 살펴보았다. 이제 이러한 개념적 틀을 가지고 최근의 사회 변화를 이해하고자 한다. 먼저 약자의 선순환 구조라는 렌즈를 통하여 월드컵 축제를 통하여 형성된 붉은악마와 광장의 문화, 효순이와 미선이의 죽음을 애도하는 촛불시위, 노사모를 축으로 한 2002년 대통령 선거, 탄핵반대 시위 등을 이해하고자 한다. 그리고 승리한 약자의 딜레마라는 렌즈를 통하여 행정수도이전 및 이라크 파병에 따른 갈등 현상을 분석하고자 한다.

# 한일 월드컵과 붉은악마 그리고 광장

## 붉은악마와 광장의 티핑 포인트

김대중 정부의 임기가 만료되는 2002년, 한국 사회는 오랜 기간 동안 IMF 관리체제로 쌓인 스트레스를 한꺼번에 푸는 이벤트를 경험한다. 2002년 한일 월드컵에서 한국의 축구가 기대 이상의 선전을 하면서 전 국민이 축구 응원 열기에 휩싸인 것이다. 이는 단군 역사 이래 찾아볼 수 없었던 열기였다는 말이 고개를 끄떡이게 할 정도였다.

그 가운데 주목할 대상이 붉은악마라는 상징이었다. 붉은악마는 일부 특정한 이들로 한정되지 않았다. 붉은악마의 상징이 전국적으로 급격히 확산되면서, 거의 모든 국민들이 광장으로 쏟아져 나오게 되는 기이한 일을 목격토록 했다. 서울의 시청 앞 광장, 대학로, 강남역 대로, 광주, 부산 등 거의 모든 도시의 광장에는 응원 인파들이 몰려들어 전광판을 보면서 응원을 하였다. 생업을 포기하면서 개인의 이익에 구애됨 없이, 남녀노소, 직업과 계층을 뛰어 넘어 "대~한 민국"을 외쳤다. 이러한 열기는 축구 경기가 끝나고서도 자정 혹은 새벽까지 축제의 무드로 이어져 나갔다.

6월 4일 한국-폴란드의 D조 첫 경기가 열릴 때만 해도 응원하는 이들은 서울 세종로 네거리와 대학로를 중심으로 1,000명 단위였다. 한국-폴란드 경기 때 '붉은악마'를 중심으로 서울 35만 명, 전국 70여 만 명이 광장에 모인 것이 시작이었다.

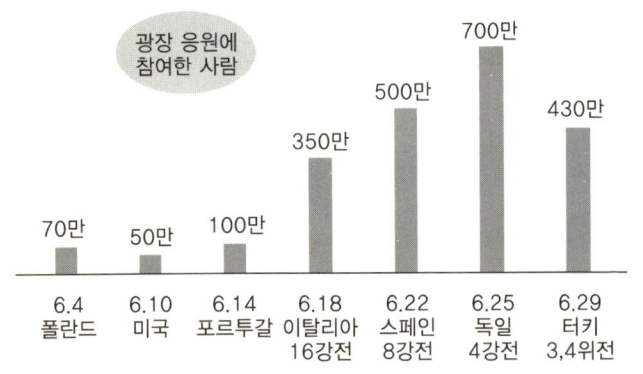

광장 응원에 참여한 사람

| 6.4 폴란드 | 6.10 미국 | 6.14 포르투갈 | 6.18 이탈리아 16강전 | 6.22 스페인 8강전 | 6.25 독일 4강전 | 6.29 터키 3,4위전 |
|---|---|---|---|---|---|---|
| 70만 | 50만 | 100만 | 350만 | 500만 | 700만 | 430만 |

이후 사람들은 한국팀의 승전보에 맞춰 계속 늘어나게 된다. 길거리 응원단은 6월10일 한국-미국 전 50만 명, 6월 14일 한국-포르투갈 전 100만 명, 6월18일 한국-이탈리아의 16강 전 350만 명, 6월22일 한국-스페인의 8강전 500만 명 등 폭발적으로 늘어갔다. 25일 독일과 경기 때는 전국에서 700만 명이 쏟아져 나왔다. 29일의 터키전의 가구시청률 합계는 독일과 가진 준결승전보다 7.1% 포인트 낮은 62%였다.[1] 이날 응원 인원수는 서울시청, 광화문 일대 등 전국 308개 장소에서 430

# 4700만이 하나된 '축제의 밤'

광화문과 시청 앞에는 붉은악마 티셔츠를 입고 모인 응원단으로 가득했으며, 언론에서는 이러한 장면을 붉은 바다, 붉은 카펫으로 표현하였다. (사진: 동아일보 2002년 6월 15일)

---

[1]  한국-터키전 시청률 60% 안팎으로 하락, 연합뉴스, 2002년 6월 30일

만 명이었다.[2]

이렇게 폭발적으로 증가한 것은 약자의 선순환이 작용했기 때문이다. 상대 축구 팀들을 쳐부수는 한국 축구 선수들은 강자들을 쳐부수는 약자들의 대변자로 비춰졌다. 기존의 상식이나 인식 체계로 상상할 수 없었던 일, 강대국을 하나씩 격파해가자, 한국인들이 가지고 있는 약자적 의식과 심리가 약자의 피드백 루프를 작동하게 되었고 광장 응원으로 티핑 포인트를 이루게 했다.


## 붉은악마와 광장에 관한 해석

그럼 이러한 현상이 왜 일어난 것일까? 한일 월드컵에서 일어났던 일종의 광장 문화와 붉은악마 현상을 대하는 시각은 크게 세 가지다. 월드컵을 통해 확인된 한국 사회의 에너지와 열기를 일종의 "국운 융성"의 계기로 삼자는 우파, 국가-민족주의 시각이다. 이러한 시각은 글로벌리즘, 애국주의 및 국가주의를 강화하고자 한다. 또한 경제적 국가주의라는 비판을 듣는 시각인데 붉은악마 현상을 마케팅의 수단으로 삼고자 하기 때문이다.[3]

---

2 마지막 거리응원 430만, 매일경제 2002년 6월 29일

한편 현실적인 제약과 장애에서 벗어나 소통의 시공간을 만들자는 서울문화이론연구소와 문화연대를 중심으로 한 '문화사회주의(이동연 2002: a, b)' 시각이 있다. 이러한 접근은 세종로를 문화광장으로 만들고 월드컵 세대를 문화의 주체로 만들어야 한다고 주장했다.[4] 이는 문화의 주체와 저항이라는 도식적인 개념에 충실했다. 그러나 대중은 주체와 저항이라는 의식적이고 작위적인 개념으로만 움직이지는 않는다.

세번째로 앞의 논의들을 모두 비판하는 주장, 즉 국가주의에 포박된 집단 광기와 파시즘의 연장선에 있다는 극단적인 비판사회이론이 있다. 붉은악마와 광장문화의 이면에는 집단

---

[3]  현대경제연구원의 보고서 'R-소비자를 위한 R-마케팅'은 "R세대가 기존 세대와 차별적 특성을 나타내면서 차세대 주요 소비자 집단으로 성장할 가능성을 보인다"며, 세대 마케팅의 대상이라 보았다. ▲자발적 공동체(Self-Motivated Community) ▲열정적 에너지(Dynamic Energy) ▲개방적 세계관(Open Mind) 등 3가지를 특징으로 꼽았다. R세대의 'R'는 월드컵 때 거리응원에 나선 이들의 가슴에 새겨졌던 구호(Be The Reds)를 의미 한다. 이러한 견해는 단지 젊은 세대만의 특징이라고 여길 뿐이다.

삼성경제연구소는 세대보다는 국가 마케팅에 무게를 두었다. 보고서에서 "포스트 월드컵의 화두는 결국 국가 브랜드 마케팅"이라며 "향후 국가 브랜드로 역동성과 IT 강국 등을 부각시키는 것이 바람직하다"고 주장했다. 국가 마케팅은 대개 '인지도 상승 → 국가 이미지 개선 → 수출 증대의 단계를 말한다.(월드컵 이후 경제는 국가브랜드 마케팅으로 이어져야, 한국일보 2002년 7월 30일 9면) 그러나 이것은 국가 마케팅에 유효하기보다는 사회 변화의 메커니즘일 뿐이다. 정부에서도 2002년 7월 포스트 월드컵의 일환으로 민·관 합동의 '국가이미지제고위원회를 구성한 바 있다.

[4]  '문화연대' 정책프로젝트 제안 / 세종로 광장 만들기 등 내용 / '포스트 월드컵' 문화 운동 점화, 문화일보, 2002년 7월 15일자 21면

적인 애국주의가 개인을 넘어서 집단적인 강제심리로 작용하고 있다는 것이다. 그러나 국가주의와 좌파적 시각도 한계이지만 이러한 극단적인 비판사회이론은 사람들이 보여준 자발성이라는 요소와 이후의 자율성에 대해서는 제대로 설명하지 못한다.

여기에 하나를 덧붙이자면 80년대의 변혁지향의 세력이 등장했다는 "신민중론"이다. 최원식(2002)은 "근대적 대중의 출현을 처음으로 보여준 3.1운동과 광복 후 문화운동의 뿌리가 된 4월 혁명 등 거대한 군중체험 뒤에는 반드시 문화운동이 폭발했던 과거 경험에 비춰볼 때 월드컵에서 나타난 군중 현상을 예사로 보아 넘길 수 없다"고 하는가 하면, "붉은악마나 노사모처럼 더 이상 정보 통제가 불가능하고 정보를 분석·해석할 뿐 아니라 생산해 내기까지 하는 대중 집단, 그간 변혁운동을 꿈꾸던 이들이 한결 같이 그리던 군중이 출현했는데 정작 지식인들은 당황하고 있다."라고 지적했다.[5] 이러한 주장은 여전히 변혁지향적인 의식적 이념적인 주체로 사람들을 범주화하는 오류를 범한다.

앞서 본 지적들을 총괄적으로 보자면 정책적 메커니즘이나 구조적인 맥락이 드러나지 않는다. 또한 자칫 일부 세대의 특징인 것으로만 여기게 한다. 세대에 관계없이 흐르는 공통적인

---

5    월드컵 최종분석, 문화일보 2002년 9월 2일자 21면

연속성을 무시한다. 따라서 연속적인 현상을 낳게 하는 구조적 원인을 무시하게 한다.

'왜 이토록 다양한 사람들이 광장으로 뛰어나왔을까' 하는 본질적인 부분이 경제적인 관점이나 국가주의, 애국주의, 민족주의, 저항적 문화사회주의라는 '이즘'의 범주에 묻혀 버린다. '이즘'이나 '주의', 관념적인 도식으로 사회문화적인 현상을 분석할 경우에는 결론의 비약과 인과관계의 분석 없는 단순한 유사(pseudo) 직관만 부각될 수밖에 없다.

이러한 관점으로는 변화의 티핑 포인트를 제대로 설명할 수 없다. 예를 들면 다시 한번 4강 신화를 이루면 다시 사람들의 폭발적인 역동성이 분출된다는 식의 오류가 발생한다. 그래서 끊임없이 축구팀에게 좋은 성적을 내서 사람들을 신바람 나게 해달라는 주문만 많아지게 된다. 위와 같은 관점을 취할 때, 정책은 신명나는 축제 이벤트에 초점을 두게 된다. 그러나 아무리 좋은 성적을 내거나 멋진 승부를 내도 붉은악마와 광장의 축제는 쉽게 재현되지 않는다. 축구가 중요한 것이 아니라 축구 이면의 인과적 메커니즘이 중요하기 때문이다. 또한 미디어와 사회단체를 중심으로 역동적인 한국인의 특성을 사회경제적으로 분출시키자는 캠페인 성격의 운동이 냄비 여론처럼 된다. 이는 사회적인 비용을 매몰시켜 버리는 소모적인 상황을 반복해 만든다.

# 티핑 포인트의 역사적 기반 : IMF와 인터넷

이 부분에서 짚어 보아야 할 두 가지 문제가 있다. 하나는 월드
컵 과정에 나온 광장 문화와 사회적 능동성이 과연 IMF와 무
관하냐는 점이다. 또한 사회문화 현상이 공공정책과 무관하냐
는 것이다. 국가주의에 부정적인 관점을 지난 비판적인 그룹이
많은 한에서는 사회문화적인 현상은 자발적이며 자생적으로
일어나는 것으로만 보는 경향이 많기 때문이다. 그러나 정책과
사회문화적 현상은 상호 인과관계를 가지고 있다. 따라서 고민
해야할 점은 정책적인 부분에서 붉은악마와 광장 문화가 인과
적으로 연결된 지점은 없는가 하는 점이다. 이를 살펴보기 위
해서는 IMF에 대한 한국인들의 인식이 어떠했는가를 살펴보
는 것이 중요하다.

1997년 외환위기 이후 맞게 된 IMF관리 체제를 일반 국민
들은 거두절미하고 "IMF"라고 칭했다. "IMF 때문에 한국이
못살게 되었다. IMF가 한국을 잡아먹었다." 라고 공공연하게
표현했다. 즉, 강력한 IMF라는 것이 한국을 잡았다는 공포,
그 자체의 위협과 불안을 가지게 되었다. 따라서 한국은 부당하
게 경제 주권을 침해당한 약자가 된 것이다.

이는 분명 1997년 외환위기 이후에만 등장한 것은 아니다.
국제화에 대한 한국인의 피해의식에 관한 지적이 있어 왔다.

한국인들이 가지고 있는 국제화에 대한 기본적인 인식은 외국 자본이나 기업에 종속된다는 것이다. 그러한 인식은 반드시 민족 경제의 고수는 아니지만 경제와 경영에 대한 수동성과 피해의식을 강화하는 수준에 머물 수 있게 한다는 지적이다.

따라서 경제 난국을 타개해야 했던 국민의 정부가 처음부터 가장 많은 역점을 두었던 것은 외국자본의 유치가 경제와 자본의 종속이 아니라 투자와 고용창출을 의미한다는 점을 홍보하는 것이었다.

하지만 시민노동단체는 IMF의 신자유주의적인 성격을 국제 자본의 강자적 특성으로 규정하고 국민의 정부가 주장하는 정책적 관점을 부정하였다. 정책의 유연성과 현실 적용성에 앞서서 강자–약자라는 구도가 성립했고 이것이 대중적인 영향력을 형성한 것도 사실이었다.

이러한 인식은 한국인들이 그 동안 주변적 위치에서 핍박받아왔던 오랜 시공간적 경험과 고민에서 비롯한다. 한국인들이 가지고 있는 주변과 변방의 인식은 일종의 강자에게 약자로서 당한 사회문화 그리고 역사적인 맥락에서 기원하며 이것은 한국인들이 가지고 있는 "약자적 한(恨)"이라고 규정할 수도 있다. 부정적으로 전이되어 "약자적 자학(이동식, 1974)"이 되기도 한다.

또 한 가지 더 살펴보아야 할 점은 IMF관리체제의 시작으

로 새로운 산업과 경제 구조를 지식정보기반산업에서 찾고자
했던 정책적 노력이 사회 변화의 잠재력과 연결되었다는 사실
이다. 김대중 정부는 금융위기로 인해 위축된 경제활동을 극복
하기 위하여 초고속통신망을 중심으로 하는 정보통신산업을
활성화시키고자 하였다. 그 결과 한국 사회는 재빠르게 디지털
하부구조를 구축할 수 있었다. 인터넷을 통해 사람들이 빠르게
의사소통할 수 있는 조건이 어느 나라에 비기지 않을 정도의
수준이 되었던 것이다. 특히 같은 월드컵을 치렀던 일본의 경우
뒤늦게야 초고속통신망사업에 뛰어들었고 초기 산업 형성에서
정부가 주도하지 않아 상대적으로 늦어졌다.

사회가 변화하기 위해서는 사회구성원들 각자가 느끼고 있
는 기존사회의 문제점과 모순에 대한 공유가 필요하다. 고려를
쓰러뜨리고 조선을 세운 신진사대와 무장 세력들은 기존 고려
사회에 대한 활발한 소통이 있었기 때문에 가능했다. 동학농민
전쟁이 가능했던 것은 활발해진 장(場)날과 접이라는 커뮤니
케이션 수단이 있었기 때문이었다. 민주화운동과정에서 학생
들이 선두에 설 수 있었던 것은 대학이라는 공간이 커뮤니케이
션의 장이 되었기 때문이다.

따라서 초고속통신망사업과 지식정보기반 경제에 대한 집
중적 정책 추진은 산업적인 결과뿐만 아니라 사회구성원들의
의사소통을 가능하게 했다는 점에서 사회문화적인 의미가 크

다. 대표적인 것이 '붉은악마'의 결집과 확산이다. '붉은악마'의 폭발적인 확산은 인터넷이라는 매개체가 없으면 존재 자체가 의문시될 수 있었다. 인터넷을 매개로 붉은악마는 그 활동을 활발하게 전개할 수 있었으며, 나아가 그들의 활동은 인터넷을 통하여 사회에 급속하게 알려지게 되었다.


## 붉은악마, 광장 문화와 약자의 선순환

"붉은악마"로 이름을 정한 직접적인 이유는 1983년 멕시코 세계청소년축구에서 한국팀이 4강전에서 훌륭한 경기를 보이자, 당시 언론들이 붉은 색 유니폼의 한국 청소년 국가대표팀을 'Red Fury'라고 호칭한데서 비롯했다.

그리스·로마 신화에서 비너스가 미의 화신인데 비해 퓨리즈는 추악한 모습과 표독스러운 복수심의 전형이다. 비너스가 중심인물이라면 퓨리즈는 이에 도전하는 주변인물이었다. 퓨리즈 보다는 차라리 악마가 더 좋았던 모양이다. 이후에 퓨리즈 대신에 "붉은악마 (레드 데블즈, Red Devils)로 바꾸었다. 이는 그 자체의 의미라기보다는 역설적인 의미를 가지고 있다.

일부에서는 악마라는 단어에 거부감을 표시한다. 그래서 한민족이나 대한민국을 나타내는데 적절하지 않다는 점을 이

야기 한다. 한국기독교총연맹은 초등학교 교과서에 붉은악마
가 실린다고 하자 맹렬하게 반대했다. 악마라는 단어가 교과서
에 실릴 수는 없다는 것이다.[6]

그러나 악마라는 개념에 연연해 하
기 보다는 붉은악마에 대입하고자 하
는 심리가 무엇인지를 살펴 볼 필요가
있다. 그렇지 않으면 악마=대한민국
=한민족이라는 등식에서 벗어나지 못
한다.

악마 자체는 기성 질서나 중심에 대
한 저항을 의미하기도 하며 그런 점에

붉은악마를 상징하는 치우천황

서 변방을 의미한다. 즉 축구 중심지인 유럽과 남미의 중심에
한국청소년 대표팀이 등장했다는 것을 말한다. 여기에 북방의
중심 국가였던 치우천황의 모습을 상징으로 삼은 것은 이러한
역의 심리에서 비롯한다. 한편 일본의 "울트라 니폰"은 일본의
섬 의식에 바탕을 둔 대외 팽창 의식이 반영되어 있다고 볼
수 있다.

여기에서 주목해서 계속 보아야 하는 점은 변방과 비주류의
약자가 지닌 심리적인 메커니즘이다. 붉은악마가 인터넷을 통
해 확산된 것은 사실이지만 인터넷이 본질은 아니다. 한국 축구

---

6    초등교과서 "붉은악마 표현 말라" 대응, 국민일보, 2002년 8월 28일

가 지니고 있던 변방과 비주류성이 가미되면서 약자의 선순환이 증폭되었던 것이다.

한국의 축구는 아시아에서는 이름을 얻어왔지만 세계 축구 무대에서는 제대로 된 성적을 거두지 못했다. 월드컵 출전 사상 48년 동안 1승도 거두지 못한 한(恨)이 있었다. 그래서 최종 목표가 1승만 얻어서 16강에 진출하자는 것이 소박한 최대인 꿈이었다.

그러나 월드컵이라는 세계무대에서 한국축구가 강호-강자들을 하나씩 무너뜨려가자 이런 약자적 한이 어느새 세계의 중심을 향해 외부적인 행동으로 분출되었다. 심리적으로 쌓여 있던 응어리를 몸짓과 함성으로 집단적으로 분출하고 공유하는 현상이 나타났다. 이러한 분출의 뒤에는 인터넷 소통과 매체의 정보력이 있었기 때문에 가능했다.

더구나 광장에 나온 사람들은 주로 기존의 사회에서 억눌리고 소외되었던 이들이었다. 청소년을 포함해서 여성들이 대거 광장으로 나왔다는 사실은 이를 잘 말해준다. 입시 교육과 문화적 접근성의 박탈로 공간을 잃어버린 청소년들이 광장에 등장한 것은 일종의 약자의 억눌림의 분출이라고 할 수 있다. 특히 여성들의 대거 등장은 모든 이들을 깜짝 놀라게 했다. 10대 소녀나 20대의 젊은 여성들뿐만 아니라 주부들도 가족의 손을 이끌고 광장으로 너도나도 쏟아져 나왔다. 전문가들도 여성들

# 붉은 '이브'들, 월드컵에 푹 빠지다

광장 응원에 있어서 여성들의 활기찬 참여는 주목할 만한 현상이었다. 언론에서는 이들은 붉은 이브라고 부르곤 하였다. (조선일보 6월 18일)

이 축구에 열광하리라고는 생각지 않았던 것이다. 여성들은 평소에 군대와 축구를 즐겨하지 않는다는 점을 생각하면 더욱 그러했다.

한편에서는 잘 생기고 멋진 축구 스타들이 경기장에 등장했고 인터넷을 중심으로 그들의 신상이나 소소한 이야기가 화제가 되어 여성들이 축구에 관심을 가졌다는 점을 지적한다. 그러나 여성들이 스타 때문에 월드컵 축구를 보게 되었다는 것은 여성들의 사고 체계나 취향에 대한 편견을 낳을 수 있다.

그동안 여성들이 겪어 온 사회 문화적 소외 측면에서 생각하는 것이 더 설득력이 있고 포괄적으로 현상을 설명할 수 있다. 국가주의나 쇼비니즘 차원은 아니라 하더라도 약자의 공동체적 관점에서 광장이라는 활동적인 공간에서 마음껏 움직이고 소리를 지르면서 약자들과 하나 된 점을 생각해 볼 필요가 있다. 그 점은 사회 문화적인 소외와 배제라는 여성의 현실을 거꾸로 증명하는 것이었다. 이런 점을 간과하면 무엇보다 한국 축구나 한국민족, 국가가 처한 약자적 위치나 지위에 대한 공감대가 여성에게도 똑같이 존재한다는 사실을 간과하게 한다.

한 가지 더 주목할 점은 공간의 횡적인 연대와 공감만으로 광장 문화가 이루어진 것은 아니라는 점이다. 대표적으로 과거와 현재의 세대를 하나로 묶어준 것은 "아리랑"이라는 약자의 한이 서린 노래였다. 이는 횡적인 공감이나 연대가 아니라는 말을 의미한다. 오히려 세대를 뛰어 넘는 약자적 사고와 감정의 수직적 연결이라고 할 수 있다.

또한 "대~한민국"이라는 구호는 그동안 소외되었던 나를 알아달라는 존재적 선언에 가깝다. 작은 이 대한민국을 알아달라는 말이다. 이는 나는 살아 있다는 약자의 집단적 외침이다. 언제나 이렇게 사람들이 광장에 나와서 축구에만 열광했다고만 한다면, 그 움직임은 하나의 대중도 아니고 공중도 아니고 다만 군중에 불과해진다. 그러나 월드컵에서 보인 사회문화적 움직임은 사회 변화를 바라는 광장 문화의 움직임으로 그대로 이어졌다.

# 한일 월드컵과 광장 문화의 트리거: 붉은악마

이제 붉은악마 현상과 광장문화는 구체적으로 어떻게 형성, 성장했으며 티핑 포인트들은 어떻게 연결되는 것인지, 그 과정에서 중요한 트리거들의 역할은 어떠했는지 살펴볼 차례다.

## 붉은악마의 성장과 쇠퇴

2002년 월드컵 광장 문화를 촉발시킨 이들은 〈붉은악마〉라는데 이론의 여지가 없다. 우선 '붉은악마'가 어떻게 만들어졌고 어떻게 성장하고 유지되었는지, 그 과정을 정리할 필요가 있다. 그 과정이 약자적 사고의 티핑 포인트와 밀접하게 관련되기 때문이다.

'붉은악마'는 PC 통신에서 구성된 축구를 좋아하는 젊은이들의 모임이었다. 1995년 12월 16일, '붉은악마'의 원형은 대학로 통신카페 '칸타타'에서 비롯했다. PC통신 하이텔의 10여개 축구동호회 운영자들은 축구응원문화의 개선을 위한 '칸타타 선언'을 채택했다. 이때는 축구문화에 대한 전반적인 문제제기와 대안의 모색이 모임을 만든 중심이유였다.

이 선언 뒤 이들이 실제 경기장에서 축구 국가대표팀을 응원한 것은 1996년 중국과 한국의 경기에서 였다. 당시 약 300명 정도의 응원단이 붉은 색 옷을 입고 응원했다.

그러다가 전기를 마련하는 일이 일어난다. 1997년 초 PC 통신의 축구관련 동호회 게시판에 1998 프랑스 월드컵 아시아 예선을 앞두고 국가대표팀에게 조직적인 응원이 필요하다는 의견이 개진되면서 '붉은악마'는 결정적인 탄생의 효시를 맞은 것이다. 가칭 '그레이트 한국 서포터스 클럽(Great Hankuk Supporters Club)'이 만들어져 1차 예선전부터 조직적인 응원을 시작했다. 그리고 바로 통신 게시판을 통해 정식으로 응원단의 명칭을 공모하였다. 그때 PC통신으로 제안된 명칭을 보면, '레드 유니온', '레드 일레븐', '레드 에코', 'Red Coree', '레드 타이거', '도깨비', '쿨리건', '꽹가리 부대', '레드 컨쿼러', '레드 맥스', '레드 헌터', '버닝 파이터즈', '레드 윌리어' 등이다. 이러한 공모 과정을 통해 1997년 8월 토론 끝에 "레드 데블즈, 붉은악마"로 그 이름이 정해졌다.

초기에는 피시(PC) 통신의 작은 모임에 불과했지만 1998년부터는 점차 인터넷을 기반으로 각 지역에 지부를 두는 등 전국적인 단위로 성장해 간다.

2000년에는 공식적인 붉은악마 홈페이지가 개설된다. 홈페이지가 활성화된 것은 초고속통신망 덕분이었다. 이 홈페이지를 통해 수많은 사람들이 네트워크 공감의 공간을 만들어 간다.

회원 수는 결성 당시인 1997년 8월에는 200명에도 미치지 못했다. 하지만 2001년 7월 1만 5천여 명이었고,[7] 2002년 3월에는 7만 명[8], 2002년 월드컵 바로 전에는 12만 명에 이르렀다.

2002년 월드컵 당시에는 20만 명의 회원이 가입했다. 월드컵이 끝나고 난 뒤에는 30만 명이 되었다. 2003년 5월 현재에는 월드컵 이전 멤버들로 다시 돌아간 상태가 되었다.[9] 또한 1995년 결성 당시 경기장을 찾는 붉은악마의 숫자는 50명을 넘지 않았지만 2002년부터는 5,000여 명이 훨씬 넘는 이들이 경기장을 찾기 시작하였다. 이 과정에서 인터넷이 톡톡한 역할을 해냈다.

이러한 순수한 조직이 전 국민적인 관심과 참여의 장이 되자 정치권에서 끊임없이 러브 콜을 보냈다. 민주당은 "이번 월드컵 기간동안 최고의 스타로 자리 잡은 '붉은악마'를 끌어들일 경우 이번 대선 판도에 큰 영향을 미칠 것"이라며 "각계 인사들을 통해 아이디어를 발굴하고 있다"고 했다. 한나라당은 붉은악마 임원진을 초청해 격려행사를 연다는 계획을 세우기도 했다. 이미 회원이 30만 명이 넘었고 움직임도 일사불란하며, 지역도 전국적이어서 그들의 지지를 받으면 12월 19일 대선에 앞서

---

7    그라운드의 12번째 선수 '붉은악마' 회장 한홍구, 월간《중앙》, 2002년 7월호

8    12번째 선수 '붉은악마', 스포츠조선, 2002년 3월 20일

9    한일월드컵 1주년 특집/ "붉은악마가 갈 곳은 오직 축구장 뿐", 문화일보 2003년 5월 30일자 50면

또 한번 전국에 걸친 '붉은 열풍'이 불 수 있다는 계산이 섰기 때문이다.

그러나 붉은악마는 정치권의 제안을 거부했다. 당시 붉은악마 미디어팀장이었던 신동민 씨는 "정치권의 붉은악마에 대한 구애는 한마디로 있을 수 없는 일"이라면서 "붉은악마는 스포츠 동아리 모임으로서 순수성을 잃었을 경우 자동적으로 소멸하게 된다."고 지적했다. "정치권은 붉은악마를 이용할 생각을 버리고 잠재적인 붉은악마인 대다수 국민들을 위한 정치를 펴라"고 일침을 놓았다.[10]

집요하게 정치권의 요구와 압력을 받던 중 붉은악마의 회장 신일철 씨가 전격사퇴하기에 이른다. 그는 붉은악마의 순수성을 지키기 위해서는 사퇴하는 것이 필요하다고 말했다.[11] 또 붉은악마는 대선이 끝날 때까지 모든 활동을 하지 않겠다고 선언하기에 이른다. 정치적인 영향력이나 구설수에 휘말리지 않기 위해서였다.[12] 순수성을 지키기 위한 노력은 이미 8월에 시작되었다. 그동안 단체입장권을 구매했던 것을 그만두기로 했던 것이 대표적인 사례였다. 축구발전을 원하는 서포터가 축구협회의 도움으로 싼 가격으로 단체 입장권을 받는 것도

---

[10]  오마이뉴스, 2002년, 7월 2일
[11]  〔붉은악마 회장〕사퇴합니다, 한국일보, 2002년 10월 22일
[12]  붉은악마, 대선 때까지 활동 중단, 한겨레, 2002년 11월 4일

특혜에 가깝다는 게 이유였다. 그래서 일반인과 같이 입장권을 구입하기에 이른다.

신동민 씨는 또 "광화문을 뒤덮은 '붉은 물결'을 생각해보면 우리나라에 저런 엄청난 일이 실재했었나 하는 의구심이 든다. '붉은악마'가 온 국민을 뭉치게 할 수 있었던 것은 사심(私心)이 없었기 때문이다."라고 말했다.[13]

임형준 당시 붉은악마 서울지부장은 한 신문에서 "붉은 티셔츠를 입으면 누구나 붉은악마가 된다는 생각을 전 국민이 가졌으면 한다"라고 말했다. 또한 덧붙여 "한·일전 직후 '쓰레기는 붉은악마가 치울 거야'라고 말한 사람을 보았는데 정말 황당했다. 이제 붉은악마는 따로 없다"라고 지적했다.[14] 붉은악마는 따로 존재하는 것이 아니며 어디에나 존재하며 누구나 될 수 있다는 의미다. 사실 2002년 광장 문화를 만들어낸 사람은 특정한 사람이 아니라 평범한 사람들이었다.

이들은 그나마 남아있던 중앙 집중식 사무국을 없애고 회장은 물론 전국총괄 조직도 폐지했다. 축구협회 안에 있던 사무실마저 없앴다. 국가 대표전의 응원준비 등 붉은악마의 고유 업무는 중앙사무국에서 각 지역의 지부로 옮겨갔다. 지역, 개별 단

---

13 [주말매거진] '벅찬 체험을 다시' 월드컵1주년 회고담, 조선일보, 2003년 6월 12일
14 [월드컵1주년] 붉은악마, 발전적 해체 'K리그 서포터스' 부활, 스포츠투데이, 2003년 5월 29일

체 연합 형태의 조직을 만드는 등 발전적 해체를 통한 순수 시민 단체화를 통해 그 이름과 활동을 지켜낼 수 있었다. 개방성과 자율성을 바탕으로 누구나 자유롭게 가입할 수 있고 가입비나 연회비도 없다.

그렇다면 이러한 붉은악마와 광장문화는 축구 열풍으로 이어져 갔을까? 불행하게도 그렇게 평가 할 수는 없어 보인다. 처음에 "붉은악마" 활동은 축구문화 전반을 개선하고 축구의 활성화를 도모하기 위해 이루어졌다. 이는 국내 축구의 활성화로 이어지기를 바라는 마음에서 비롯되었다. 그러나 많은 노력에도 불구하고 국내 축구의 활성화는 기대에 미치지 못했다.

월드컵 직후인 2002년 7월 17일 2002 k-리그는 시즌 개막 4경기에서 경기당 평균 3만797명의 입장객 수라는 경이적인 기록을 세웠다. 그러나 8월말을 고비로 썰물처럼 빠져나간 관중은 돌아오지 않았다. 관중 수는 월드컵 이전 수준으로 돌아갔다. 2003년에도 마찬가지였다. 예를 들어 5월을 기준으로 경기당 평균 관중 수는 2001년(2만1417명), 2002년(1만4945명)보다 더 떨어진 1만870명에 그쳤다.[15] 왜 이러한 현상이 일어난 것일까? 축구에 대한 관심과 열기가 전 국민에게 폭발적으로 인식되지 않았는가?

이렇게 관중이 돌아오지 않는 이유에 대해 일부에서는 한국

---

[15] 월드컵 후 1년… 꿈★은 이루어졌나, 한국일보, 2003년 5월 30일

축구단과 협회의 질적 변화가 없었기 때문이라고 지적한다. 연이어 벌어졌던 한일경기도 시들했다. 다른 원정 경기도 마찬가지였다.

왜 이런 일이 일어난 것일까? 그것은 약자의 시스템 사고가 작용하지 않았기 때문이다. 또한 붉은악마 응원에 동참하는 숫자가 많은 것은 약체인 팀이 아니라 강자인 팀과 한국인들이 붙었을 때이다. 대개 약체인 팀과 가지는 경기에는 붉은악마 회원이나 응원단이 적었다.

월드컵이 끝나고 1개월 간 k-리그 주말 관중은 백만을 넘었다.[16] 그러나 급속하게 줄기 시작했다. 한 스포츠 전문기자는 "한국이 월드컵에서 4강에 오를 수 있었던 원동력은 붉은 옷을 입고 열렬히 응원을 펼쳐 준 관중의 힘이 절대적이었다. 하지만 그 축구에 대한 큰 애정은 채 5개월도 가지 않아 이렇게 식어버렸다."고 토로했다.[17] 이는 붉은악마나 광장 문화 현상을 축구에 대한 애정의 시각으로만 보았을 때의 괴리감이다. 심지어는 이러한 현상을 한민족의 냄비현상이라고 비아냥거리거나 자학한다. 그러나 약자의 선순환 구조에서 보자면 당연한 현상이었다.

---

16  '꿈★은 이루어진다' 기억하십니까…, 한국경제, 2002년 8월 7일
17  〔기자 25시〕 5개월 만에 열기가 식다니…, 스포츠투데이, 2002년 11월 21일

어찌되었든 붉은악마와 광장 문화는 사그라들기 시작했다. 1주년이 되는 시점에서 거리에 나온 사람들은 2002년 6월의 추억을 되새기는 젊은이들이 중심을 이루었다. 2002년 6월을 다시 한번 일으키자는 움직임은 있었지만 뜻대로 되지는 않았던 것이다.

2주년이 지난 2004년 여름. 아테네 올림픽에서 한국 축구가 56년 만에 8강 진출을 이루었다. 이렇게 되자, 다시 붉은악마와 광장문화가 살아나는 듯 했다. 그러나 4강 진출 실패로 결국에는 제대로 광장문화가 이루어지지 않았다.

눈에 띄는 것은 역시 8강 진출 출전까지만 해도 붉은악마 현상이 2002년 같지 않았다는 점이다. 이미 월드컵 4강에 진출한 경험이 있었기 때문이다. 그것만으로는 약자의 시스템 사고가 작동하지 않았던 것이다.

## 붉은악마 안의 트리거: 복수성과 다양성

흔히 일정한 조직이 트리거가 되었을 경우 그 대표자를 최종 트리거로 꼽아드는 경우가 빈번하다. 그래서 붉은악마의 당시 회장이었던 신인철 씨를 붉은악마를 이끌며 한국축구대표팀의 4강 진출과 국민화합의 계기를 만든 인물이라고 한다.[18]

---

18 〈평화인물〉 5인 프로필 - '붉은악마' 주도 화합 이끈 신인철 씨 외, 문화일보, 2003년 6월 26일

물론 그는 축구를 좋아 하는 평범한 사람이었고 평범했던 그가 붉은악마라는 조직을 이끌고 세계의 중심에 이르게 했다. 하지만 단지 한 사람을 트리거로만 이야기할 수는 없다. 한사람에게 몰아가는 것은 미디어가 자주 사용하는 잘못이다. 미디어는 한사람을 집중해서 보여주는 것이 시청률과 열독률을 높여준다는 점 때문에 잘못된 해석을 반복하고는 한다. 이는 또한 붉은악마의 특성이나 수평적인 네트워크 조직의 생리를 간과하는데서 빚어지는 오류이기도 하다.

붉은악마 현상을 촉발시킨 또 하나의 트리거 역할은 감동적인 문구였다. 'AGAIN 1966', 'Pride of Asia', '꿈★은 이루어진다.', ' CU@K리그'라는 문구는 가장 많은 감동을 주었다. '꿈★은 이루어진다'는 문구는 한국을 상징하는 말이 되기도 했다. 이러한 말들을 만든 사람은 대학생 김용재(안양대·전기전자 공3)였다. 그는 정작 카드 섹션 담당이었지만 경기장에서 직접 그렇게 자신의 문구 전체가 이루어지는 것을 본 적은 없었다.[19]

이제는 붉은악마의 조직적인 특성을 살펴볼 차례다. 〈오마이뉴스〉 2002년 7월 2일 인터뷰에서 붉은악마 미디어팀장인 신동민 씨는 "정치권은 붉은악마를 하나의 거대한 조직으

---

[19] '꿈★은 이루어진다'에 꿈을 담았다-월드컵 카드섹션 기획 김용재씨, 문화일보, 2003년 6월 13일

로 오인해 이용하려는 움직임을 보이지만 전혀 실현 불가능한 일"이라고 잘라 말했다. 붉은악마는 일사분란해 보이지만 집행부나 사무국의 명령에 따라 움직이는 위계적 조직이 아니기 때문이다. 각 지역별로 조직이 나누어져  독자적인 영역을 가지고 있을 뿐만 아니라 수많은 소모임이 활발하게 운영되고 있기 때문이다. 더구나 인터넷이라는 공간을 통해 수많은 회원들이 의견을 제안하고 이를 통하여 붉은악마의 활동을 움직여 왔다. 심지어 회원이 아니더라도 다양한 활동에 함께 참여할 수 있다. 이 때문에 정치권이 접근해 와도 실효성이 없다는 것이다.

붉은악마가 월드컵 광장 문화의 트리거 역할을 했지만, 특정한 인물이 그러한 역할을 주도했다기보다는 수많은 사람들이 동시다발적으로 그러한 역할을 수행했다는 표현이 맞다. 이를 다시 정리하면 누구라도 트리거의 역할을 할 수 있다는 것이다. 이는 붉은악마가 외형적으로 성장하고 조직적인 체계가 확립된 지금도 더 유연해진 부분이다.

## 광장을 통한 새로운 티핑 포인트의 이어짐

2002년 한일 월드컵 이전까지 시청 앞 광장은 자동차가 점령했다. 시민들은 언제나 물러나 있었다. 그 광장은 일반인의 삶과 생각, 행동과는 관계가 없어 보였다. 그러나 붉은악마가 시청 앞 광장을 휩쓸고 지나간 다음부터 광장 문화가 일반화되기 시작하였다. 시청 앞 광장은 물론이고 대학로, 강남역, 심지어는 부산, 광주의 광장까지 누구라도 참여할 수 있는 열린 공간이 되었다.

붉은악마가 점령한 광장의 사람들 손에는 무서운 구호와 이데올로기가 아니라 태극기와 같은 한국의 정서를 대표하는 다양한 상징들이 등장했다. 이러한 것들은 획일적인 것이 아니며 집단적인 군중심리에만 머문 것도 아니었다. 개인들의 창조와 다양성이 반영되었다. 자신들의 아이디어를 통해 개성을 표현하는 가운데 하나가 되려 했다. 다양성 속에 하나가 되는 광장 문화를 이루어 내었다는 것이다. 그러나 여기에서 분명히 기억해 두어야 할 점은 민중적 저항 내지는 시민적 운동이 광장에서 활동했기 때문에 그것이 광장 문화와 연결될 수 있었다는 것이다.

수백만의 응원단이 거리에서 월드컵 경기응원을 하고 있을 때 거리 한쪽에서는 억울하게 죽은 여중생들의 원혼을 달래고 그들의 억울한 죽음을 호소하는 집회가 연일 이루어지고 있었다. 하지만 붉은악마 인파와 한국 축구의 승전보에 이들의 호소와 눈물은 가려졌다.

이를 두고 일부 사람들은 스포츠의 국가 중심주의로 인해 개인의 인권이 무참하게 유린되었다고 말하기도 했다. 하지만 억울한 개인의 죽음이 새로이 등장한 광장 문화와 분리된 것은 결코 아니었다. 결국 붉은악마의 광장 문화가 촛불과 만나기 때문이다.

# 효순이 미선이의 죽음과 촛불 시위

제17회 한일 월드컵 축구대회가 한창이던 2002년 6월 13일 오전 10시45분경 경기도 양주군 광적면 56번 지방도에서 미2사단 44공병대(캠프하우즈) 소속 미군 장갑차(운전사 워커 마크 병장.36세)가 앞서 가던 여중생 신효순(14.조양중 2년)양과 심미선(14.조양중 2년)양을 치어 그 자리에서 숨지게 하는 사고가 발생했다. 두 여학생은 같은 동네에 사는 친구의 생일 잔치에 가기 위해 갓길을 걸어가던 중이었고, 미군 장갑차가 몸을 그대로 밟고 지나가 버려 피할 수 없는 죽음을 당했다.

# 효순이 미선이의 죽음에 내재된 약자의 한

붉은 광장 문화가 휩쓸던 그 해 6월 13일에 있었던 미군장갑차의 효순이, 미선이 치사 사건은 광장에 첫발을 내딛게 된 약자적 한(恨)의 소통을 촛불시위로 번지게 한다. 촛불시위를 두고 여러 가지 의견이 대두되었지만 크게 두 가지라고 할 수 있다.

먼저 촛불시위가 반미시위이기 때문에 보수 우익 진영에서는 많은 비판과 우려가 터져 나왔다. 검은 세력이 뒤에서 조종을 하고 있다는 음모론이 제기되기도 하였다. 시민단체들이 정권과 결탁해서 군중을 동원한다는 것이었다. 수많은 일반 시민들이 미군 범죄에 대해 항의를 하는 것은 흔히 보기 어려운 현상이었기 때문에 누군가 조직적으로 개입하지 않으면 있을 수 없다는 논리였다.

또 다른 한편에서는 한국을 종속시킨 주한미군의 철수를 바라는 시민들의 적극적인 뜻이라고 해석했다. 그러면서 국민들이 적극적으로 주한미군 문제의 주체로 등장하는 운동이 일어났다는 것이다.

이렇게 상반된 견해 사이에서 두 가지 점을 생각해 볼 수 있다. 우선 효순이, 미선이 사건과 연이어 일어난 촛불 시위는 변화를 지향하고 있다는 점이다. 촛불시위는 기존의 시민사회나 기존질서와 사회에서 소외된 이들이 피워 올린 것이기 때문이다. 시위란 말 그대로 자신의 바라는 의도를 보여줌, 즉 변화를 바라는 움직임이다. 자신들의 주장을 육체적인 몸 사위로 보이는 셈이다. 촛불 시위는 "앙마"라는 아이디를 쓰는 시민의 제안으로 시작되었다는 점에서 함축적인 상징성을 보여준다.

두 번째, 촛불 시위는 강자에게 무시당하는 약자들의 억울함을 호소하는 시위였다는 점이다. 보수 일간지나 방송에서는 효순이·미선이 사건에 대하여 심도있게 보도하지 않았다. 상대적으로 인터넷을 중심으로 한 미디어에서는 이에 대한 논의가 분분했고, 이들의 죽음을 억울해 하는 분노의 관점이 가득했다. 약자의 한은 미디어의 한 구석에 쳐박혀 있었다.

이 사건의 가해자인 미군은 강대국의 군대로써 전형적인 강자였다. 강대국의 군대이므로 그에 대해서 변변하게 항의하거나 진상규명을 요구하지 못했다. 책임자에 대한 처벌은 커녕 조사조차 제대로 이루어지지 않는 것은 약자의 한을 강화할 수밖에 없었다. 더구나 죽은 사람은 군인이 아니고 민간인이었고, 민간인 중에서도 중학생이었다. 더구나 남자 중학생도 아니고 여자 중학생이었다. 여중생은 약자인 한국에서도 가장 힘없는 사람이다. 그러나 이러한 비극을 표출할 적절한 시공간을 찾을 수 없었다. 비극적인 현실에 대해서 드러내 놓고 말할 수 없는 현실의 제약은 그 비극을 한으로 농축시키기만 했다.

이 때 인터넷 한겨레 게시판에 앙마(필명)가 두 여자 중학생을 추모하자는 뜻으로 인터넷을 통해 촛불시위를 제안하였고, 이 제안이 네티즌을 중심으로 확산되어 11월 초 광화문 앞에서 대규모 촛불시위가 열렸다. 인터넷 신문을 통한 한 사람의 제안이 어느 한 순간 티핑 포인트를 형성한 것이다. 이후에 촛불 시위는 지속적으로 확대되면서 개최되었고 한·미 행정 협정 등 불합리한 관계에 대한 개선을 요구하기에 이르렀으며 하나의 부드럽지만 무엇보다 강한 평화적인 시위문화로 자리 잡았다.

햇불보다 작으면서도 여리고 가는 촛불은 여러 가지 의미를

12월의 추운 날씨에도 불구하고 많은 시민들은 촛불을 들고 여중생이었던 효순이 미선이의 참혹한 죽음을 안타까워하였다. (중앙일보 2002년 12월 2일)

지닌다. 무엇보다도 자신의 몸을 불살라 세상을 밝게 비추는 희생을 뜻한다. 어린 소녀들에게 난데없는 죽음을 던지는 어두운 세상을 비추고자 하는 촛불이었다. 약한 바람에는 쉽게 꺼지지만 여럿이 모이면 꺼지지 않는 약자의 단결을 의미하기도 한다. 비록 힘은 없지만 한 사람 한 사람의 초가 모여 거대한 불길이 되었다.

촛불은 여러 가지 의미를 지니고 있다. 그 불은 어둠에서도 빛을 잃지 않고 새벽을 끝까지 기다리는 불꽃이라는 점에서 꿈과 소망을 뜻한다. 촛불은 강자의 불이 아니라 약자의 불이다. 약자는 촛불 그 자체이기도 하고, 촛불은 약자가 가지는 꿈과 소망이기도 하다.

촛불은 다른 생명을 위해 피워 올리는 생명의 불이다. 효순이, 미선이가 촛불처럼 다시 살아오기를 바란다는 의미도 포함되어 있다. 또한 일회성이 아니라 끊임없이 피워 올린다는 점에서 부드럽지만 질긴 생명성이 드러난다. 오늘의 초가 꺼진다고해도 매일매일 다른 이들이 촛불을 피워 올리기 때문이다. 한존재가 피워 올리지 않아도 매일 다른 이들이 촛불을 끊임없이 죽음의 밤사이를 갈라 친다.

시민운동과 시위문화에서 소외되고 배제되었던 이들이 한개의 초를 통해 세상에 조용히 포효하였다. 이런 의미에서 한사람 한 사람의 조용한 몸짓과 소망이 거대한 자발적인 비폭력

평화운동으로 세상의 변화를 유도하는 것이다.

효순이, 미선이의 죽음 뒤에 사람들이 할 수 있는 일은 촛불을 밝혀드는 것일 뿐이었는지 모른다. 하지만 이를 통해 어느새 한국 사회는 커다란 변화의 흐름을 창출하고 있었다. 월드컵을 통해 세계에 자신의 존재를 당당하게 알릴 자신감이 생겼고 그 수단을 확인할 수 있었다. 인터넷을 중심으로 한 소통 수단으로 평범한 한 사람의 제안이 세상의 변화를 이끌어 내는 힘이 되는 경험을 하였다. 각자 한 사람 한 사람의 한이 모여 언제든지 사회 흐름의 티핑 포인트를 만들어 낼 수 있다는 것이다.

이러한 시위를 특정 사회단체의 사주를 받아서 움직인다고 하거나 반미시위라고 주장하는 것은 촛불시위를 있게 한 전반적인 기제를 이해하지 못하는 소치이다. 일개 시민사회단체가 촛불시위를 유도하고 통제한다는 것은 음모론적 시각에 불과할 뿐이다.

2004년 봄까지 두 여중생을 추모하기 위한 촛불시위에만 500만 명 이상이 참가했지만 이들이 어떠한 이데올로기나 정치적 의도를 가지고 참여했다고 보기는 어렵다. 그것은 강자의 지배에 대하여 약자의 한이 표출되는 피드백 효과로 보아야 한다. 이제 그 과정을 구체적으로 짚어 보기로 한다.

# 촛불 시위의 트리거와 티핑 포인트

2002년 6월 13일 효순이 미선이의 참사에 대하여 시민들이
즉각적으로 반응하여 시위를 한 것은 아니었다. 촛불 시위에
이르기까지 강자의 무시와 이에 대한 약자의 항의가 누적되는
지난한 과정이 있었다.

처음 주한미군은 훈련도중에 일어난 사고라며 자체 조사로
사건을 수습하려 하였다. 더욱이 자신들은 훈련 규정을 어긴
일이 없다는 말만 되풀이 했다. 오히려 고압적인 태도로 유가족
을 회유, 협박하기도 하였다. 이러한 일련의 강자적 행동이 약
소국의 국민들에게 분노를 자아내고 있었다.

재판이 열리면서 분노가 더 깊어졌다. 배심원이 모두 미국
인이었고 재판부와 검찰도 미군이었다. 책임논란이 제기된 중
대장에 대한 배심원 증인 요청도 거부되었다. 더구나 배심원이
무죄 판결을 내린 사건인 경우에는 항고도 못하는 미국법 체계
는 불합리하게만 보였다. 이 같은 사실이 인터넷을 통해 즉각
알려졌다. 억울하게 죽은 여중생들의 문제를 제대로 해결하지
못하는 배경에 한미주둔군지위협정(한ㆍ미 SOFA)[20]의 불평

---

20  정식명칭은 '대한민국과 아메리카 합중국간의 상호방위조약 제4조에 의한
    시설과 구역 및 대한민국에서의 합중국 군대의 지위에 관한 협
    정'Agreement under Article 4 of the Mutual Defence Treaty
    between the Republic of Korea and the United States of

등성 있다는 점이 본격적으로 인식되기 시작하였고, 효순이 미선이의 사건은 이에 대한 논란으로 이어지기도 했다.

월드컵이 지난 이후에도 효순이 미선이 사건에 대한 시위는 일부 범대위를 중심으로 이루어지고 있었다. 일부 신문들은 이들 시위를 축소하여 보도 하거나 불순한 시위라고 몰아붙였다.[21]

하지만 결정적으로 11월 18일과 21일의 무죄평결은 약자의 한에 불을 지폈다. 아무런 잘못 없는 여중학생 2명이 사망했음에도 가해자가 무죄 평결을 받아 본국으로 귀국했다는 사실은 큰 분노를 일으켰다. 사건이 발생한 지 6개월이 지난 시점에서야 주한 미국 대사의 마지못한 사과 발표가 있었다. 단지 형식적인 사과는 시민들이 받아들이기 힘든 상황이었다. 분노와 슬픔이 교차하면서 전국적으로 울분이 터져나오기 시작하였다.

이런 울분을 터트리는 촛불시위를 처음으로 제안한 사람은 '앙마' 김기보(31)씨였다. 그는 무죄 판결이 난 11월 27일 오전

America, Regarding Facilities and Areas and the States of United Armed Forces in the Republic of Korea)으로 약칭 '한미주둔군지위협정' 또는 '한·미 SOFA'(Status of Forces Agreement)라고 부른다.

21 『창작과 비평』, 창비(창작과비평사), 2003년 봄호.
백선기 지음, 『한국 언론보도의 기호학 – 보도·신화·담론·의미·이데올로기』, 커뮤니케이션북스, 2004 참조

인터넷 한겨레 게시판에 '촛불시위'를 제안하였다. 그는 특정한 조직이나 기관을 대표하거나 이끌고 있는 사람이 아니었다. 아무런 조직적 토대가 없는 평범한 학원 강사였다.

"광화문을 우리의 영혼으로 채워 미선이·효순이와 함께 수천, 수만의 반딧불이 되자". 이 뜻에 동참하는 네티즌은 11월 30일과 12월 1일 오후 6시 광화문 네거리 버거킹 입구로 초와 바람막이용 종이컵을 들고 되도록이면 검은색 옷을 입고 나오자고 했다. 그는 아무도 나오지 않으면 혼자라도 있겠다고 했다. 또한 "한 분만 나오셔도 좋습니다. 반갑게 인사를 나누겠습니다. 미선이, 효순이가 편안하게 쉴 수 있는 대한민국에 대해서 얘기하겠습니다. 저 혼자라도 시작하겠습니다. 이번 주, 다음 주, 그 다음 주. 광화문을 우리의 촛불로 가득 채웁시다. 평화로 미국의 폭력을 꺼버립시다."라고 적었다.

사실 그 자신도 어느 정도 사람들이 나올지 알 수 없는 일이었다. 3일간 이 글의 조회수는 80여회에 불과했다. 이것만 보면 별로 영향력이 없는 것으로 생각할 수도 있었다. 얼마나 많은 사람들이 올 것인가 하는 의구심은 그러한 제안을 한 사람이나 그것을 다룬 매체들도 마찬가지였다.

추운 겨울날 어스름은 점점 광화문 네거리에 깔리고 사람들은 하나 둘 모여들기 시작했다. 반년 전 1백50여만 명의 붉은악마들의 함성이 뜨거웠던 바로 그 광화문 앞이었다. 사람들이 하나

둘씩 불어나기 시작했다. 사람들의 손에는 촛불이 들려있었다. 촛불은 하나둘씩 켜지기 시작했다. 그의 제안은 결국 인터넷을 통해 평범한 이들에게 급속하게 확산되었던 것이다. 시위 당일에 사람들은 서로 놀라게 된다. 인터넷 펌질은 대단했다. 각 사이트로 무수한 펌질이 이루어졌던 것이다. 백 명, 이백 명, 그리고 천 명 다시 천 명. 사람들은 끊임없이 늘어가고 있었다.

6월부터 11월까지 수많은 사람들이 억울한 죽음에 대해 어찌할 바 모르고 있는 상황에서 한 사람의 평범한 제안이 트리거의 역할을 한 것이다. 이렇게 촉발한 효순이 미선이 사망사건에 대한 분노는 광화문 앞의 거대한 촛불시위로 이어졌다.

11월 30일에 약 1만 명의 사람들이 몰려들었다. 12월 7일에는 5만 개의 촛불이 켜졌고, 12월 14일 광화문 네거리에는 10만 촛불시위 인파가 몰렸다. 촛불이 촛불을 끊임없이 불러 모았다. 12월 30일에는 백만 촛불대행진이 전국 65개 지역과 해외에서

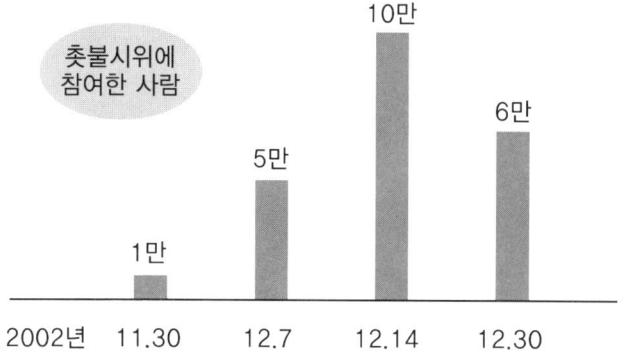

열렸으며 광화문을 중심으로 약 6만여 명이 참여했다.

효순이 미선이를 추모하는 촛불시위에는 약자의 선순환이 갖추어야 할 조건들을 다 갖추고 있었다. 효순이와 미선이의 죽음으로 상징되는 약자의 고통이 있었으며, 가해자에 대한 처벌 또는 미국과의 대등한 관계를 지향하는 명분이 있었다. 이렇게 형성된 약자의 선순환을 통하여 한명씩 두명씩 모인 촛불시위는 그 자체가 양의 피드백 루프를 형성하면서 급격히 확산되는 양상을 보였다.

## 복수의 트리거와 꺼져 가는 촛불 시위

촛불 시위 과정에도 복수의 트리거들이 있었다. 이름을 알 수 없는 트리거들이 인터넷 여기저기에서 움직였다. 인터넷 메신 저에 추모의 의미로 리본, 삼베 표시를 달자는 제안이 곳곳에 서 나왔다.

예를 들어 11월 27일부터 네티즌들이 리본 만들기를 제안 했다. "희생 여중생을 기리기 위해 검은 리본을 달자"며 인터넷 메신저에서 자신의 대화명 앞에 검은 리본(▶◀) 모양의 기호 를 달기 시작했던 것이다. 그 뒤에 일부 네티즌들이 "검은색은 조의(弔意)를 표하는 서양식이며 우리 전통은 흰색"이라고 주장했고 흰 리본(▷◁)달기로 바꾸기도 했다. 다시 서양식 리본 대신 삼베 천을 나타내는 ▧로 바꿔달기가 확산되었다.

네티즌들은 사고현장의 참혹한 사진이나 사건을 고발하는 인터넷 만화, 플래시 애니메이션과 노래 파일을 사이버공간 구석구석에 퍼 나르는 행동을 일사분란하고도 광범위하게 전 개했다. 다음과 같은 지적은 촛불시위가 가진 이념성이나 사회 운동성을 벗어난 약자적 사고를 잘 보여준다.

> 촛불시위는 체계적 사전계획이나 특정 집단의 조직적인 주도, 참가자들을 잇는 동질적 이념 등 기존 사회운동의 어느 요건도 갖추지 못했지만, 젊은 네티즌부터 숨진 여중생 또래의 10대 들, 어린 자녀의 손을 잡은 부부와 직장인 등 다양한 사람들이 스스로 모여들었다.[22]

광장에서는 평범한 회사원, 중학생, 고등학생 그리고 어린 아이의 손을 잡고 촛불을 든 모습으로 눈물을 글썽이는 부부들 을 쉽사리 볼 수 있었다. 보통 사람들이 촛불시위에 참가한 이유는 어떠한 거대한 운동 목표나 이념적인 성취 때문이 아니 었다. 이러한 이유 때문에 촛불시위의 진로에 대한 고민이 따르

---

22 〈특집: 여중생사건 1주년〉 촛불시위, 새 참여문화 시발, 연합뉴스, 2003 년 6월 10일

게 되었다. 더구나 반미 시위 논란이 일면서 순수한 정체성 문제가 논란의 도마에 오르게 되었다.[23]

2003년 1월 19일 연세대학교 이과대 강의실에서 일부 네티즌들이 촛불시위의 향방에 대해서 논의를 했다. 이 날 토론자들은 "촛불시위가 반미로 대표되어서는 다수 참가자들을 배제할 수 있다"고 목소리를 높였다.[24]

2003년 1월 들어서 촛불시위는 범대위의 소파 개정 중심의 시위로 변모하게 되었고, 참가 인원은 급격히 떨어지기 시작했다. 여기에 앙마와 시민단체가 나뉘게 된다. 1월 4일 앙마 쪽에는 30여 명, 범대위쪽에는 300여 명,[25] 1월 7일 앙마 집회에는 70여 명, 범대위 집회에는 400여 명[26]이 모였다. 1월 11일 6시 오후 6시에는 약 400여 명이 모였다.[27]

앙마는 "현재의 범대위는 특정 정파의 목소리만 담고 있다. 단순한 '운동권'과 '시민'을 일컫는 게 아니다."라고 하면서 촛불집회의 순수성을 주장하여 논란을 일으켰다. 그는 다양한 목소리를 담아내야 한다고 하면서 "첫 번째는 '평화와 반전', 두 번째는 집회의 주제와 형식이다. 차분히 조용하게 갔으면 좋겠다."

---

23  〔따로 열린 촛불시위〕 범대위. 네티즌 방식 등 이견. 한국일보 2003년 1월 5일

24  "다양한 활동으로 촛불 이어나가자". 오마이뉴스. 2003년 1월 21일

25  주말 범대위-네티즌 '따로' 촛불시위. 연합뉴스. 2003년 1월 4일

26  영하 10도 '촛불시위 계속' 다짐. 오마이뉴스. 2003년 1월 7일

27  아직은 '추모 촛불'을 끌 때가 아닙니다. 오마이뉴스. 2003년 1월 13일

라고 말했다.[28] 그러나 약자의 선순환을 타지 못한 채 개인적으로 촛불시위를 주도하는 형국이 되자, 지지를 얻지 못했다. 심지어 일부에서는 앙마 권력론이 제기되기도 하였다.

한편 공동대책위의 홍근수 목사는 '노무현 대통령당선자가 시위를 자제하라고 했기 때문에 촛불시위가 사그라든다.'고 말했다.[29] 그러나 이러한 지적은 일부 정치지지 세력이 촛불시위를 주도한다는 논리와 같다. 일부에서는 반전운동으로 촛불시위를 확산시키는 노력이 필요하다고 했다. 그래서 국제적인 반전운동과 연대하는데 주력하려 했다.[30] 그러나 다음과 같은 문제점들이 해결되지 못하는 한 촛불시위는 일어났다가도 사그라질 수밖에 없다.

'여중생문제해결 서울모임' 이재호 공동운영자는 "그동안의 촛불시위가 미국대사관 쪽으로 진출하는 과정에서 경찰과의 충돌, 연단에 서는 몇몇 대중적이지 못한 발언들이 문제가 됐다"며 "앞으로는 구호를 외치는 데만 집착하지 말고 일반시민들에게도 발언기회를 많이 줘 이야기를 나눌 수 있는 촛불시위가

---

28  범대위 촛불시위 방식 동의할 수 없다, 오마이뉴스, 2003년 1월 6일

29  "촛불시위, 반미 아닌 노예살이 거부 친미적 자주관으론 소파개정 무리", 오마이뉴스, 2003년 1월 16일

30  개혁당, 민주노동당 조직적인 반전 참여를 촉구한다, 오마이뉴스, 2003년 1월 13일

됐으면 좋겠다"고 했다. 그는 또 "촛불시위만 고집할 것이 아니라, 여중생 사건의 근본적 해결을 위한 다양한 방법들이 전개되어야 한다"고 했다.[31]

특히 시민운동과 앙마 사이에서 촛불을 두고 벌어진 헤게모니 싸움은 보수의 공세에 휘말리면서 순수성에 흠을 가지게 됨으로써 추동력을 잃게 된다. 앙마나 범대위의 논란에서 보았듯이 트리거가 혼자 흐름을 이끌어가고자 하는 때는 약자의 선순환이 멈춘다는 사실을 알 수 있다. 복수의 트리거의 촉발과 티핑 포인트가 맞아 떨어질 때만이 약자의 선순환이 작동하기 때문이다.

---

31  촛불시위를 통해 드러난 '피플 파워', 프레시안, 2003년 1월 21일

# 06

# 노사모와 2002년 대통령 선거

2002년 대통령 선거에서 민주당의 노무현 후보가 당선되었다. 민주당의 노무현 후보가 당선된 것은 거의 기적에 가까운 일이었다. 이미 대통령 선거가 있기 수 년 전부터 한나라당의 이회창 후보가 대통령 선거에서 승리하리라는 예상은 그 누구도 부인하지 않고 있던 기정 사실에 가까웠기 때문이었다.

사실 부산 출신의 노무현 후보가 민주당 내부에 특별한 지지 세력도 없이 민주당의 대통령 후보로 선출되었다는 것부터가 기적이었다. 민주당의 주요 지지 기반은 호남에 있었을 뿐만 아니라, 영남 지역에서 민주당은 발을 붙이기 어려웠다. 이러한 상황에서 영남 출신 후보가 민주당 대통령 후보 경선에 나선 것은 무모한 일로 보였다. 대부분의 사람들 심지어는 민주당 당원은 물론이고 노사모 회원들까지도 노무현 후보는 본선에 나가보지도 못하고 당내 경선에서 탈락할 것으로 예상하였다. 그렇게 절망적이던 후보가 민주당 대통령 후보로 선출되자 많은 사람들이 뒤통수를 얻어맞은 듯 하였다. 있을 수 없는 일이 현실로 나타나는 기이한 현상을 바라보면서 국민들은 놀라기도 하고 당황하기도 하였으며, 흥분하기도 하였다. 이를 통칭하여 노풍이라고 불렀다.

노무현 후보가 대통령 선거에서 당선되는데 노사모가 가장 큰 역할을 했다는 데 대해서는 이견이 없었다. (한국일보 2002년 12월 20일)

# 노풍의 티핑 포인트

노풍이나 노사모 회원의 증가, 그리고 대통령 선거에서 노무현 후보가 당선될 수 있었던 근본적인 이유 중 하나는 새로이 등장한 "국민경선제"였다. 국민경선제는 정당의 공직 후보 선출 과정에서 당원이 아닌 일반 유권자들의 의사를 반영하는 제도이다. 국민경선제는 조직과 당내지위가 약했던 노무현 후보를 지원하는 노사모가 노풍을 일으키는데 결정적인 역할을 하게 만들었다.

민주당의 대통령 후보를 선출하기 위하여 각 지역을 순회하는 국민 경선제가 채택되자, 전통적으로 민주당 지지자들이었던 사람들이 노무현 후보를 새롭게 보기 시작했다. 노무현 후보 측이 내세운 대선 본선 경쟁력과 동서 통합력이 새로 부각될 수 있었다.[32]

노풍은 그동안 배제되었던 서민의 풍[33]이고 약자의 한이 서린 바람이었다. 그리고 그러한 한을 간직한 사람에 대해 지지가 따르는 약자의 선순환으로 이어진다. 약자의 선순환은 울산 경선에서 노무현 후보를 1위로 밀어 올렸을 뿐만 아니라, 아무도 상상하지 못했던 광주 경선의 충격을 가져왔다. 광

---

32  유시민, 『노무현은 왜 조선일보와 싸우는가』, 개마고원, 2002년
33  정치염증 틈새 '서민風' 위력, 국민일보, 2002년 3월 20일

주에서 부산 출신의 노무현 후보가 대세론의 이인제 후보와 호남 기반의 한화갑 후보를 누르고 1위를 차지하는 파란이 일어났다.

노풍을 일으킨 주체나 노풍을 바라보는 객체 모두 놀라워했다. 인터넷 매체인 프레시안 3월 20일자에는 다음과 같은 내용의 기사가 등장하였다.

어디 광주 사람들뿐이랴. 출신지역과 지위 고하, 지지 정당을 막론하고 큰 충격을 받았다는 사람이 한둘이 아니다. 승자인 노무현 후보도 큰 충격, 패자인 이인제 후보도 큰 충격을 받았다고 고백했다. 노 후보의 부인 권양숙 여사는 사석에서 "정말 광주 사람들을 이해할 수 없어요."라고 말했을 정도이다.[34]

광주의 노풍을 일으킨 선거인단이나 승리한 노무현 후보도 놀라는 것은 당연한 일이었다. 티핑 포인트에 따른 현상의 폭발은 어느 한 사람의 의도와 행동으로만 일어나는 일이 아니기 때문이다. 약자적 피드백 루프와 트리거 그리고 티핑 포인트가 만나 복합적으로 촉발되는 것이기 때문이다.

구체적으로 어떻게 갑자기 폭발적인 지지가 일어난 것일

---

[34] "누가 대전에 돌을 던지랴"-노무현 캠프 경선일기〈2〉, 프레시안, 2002년 3월 20일

까? 처음에 노무현 후보는 그렇게 지지를 받지 못한 게 사실이다. 2002년 2월 14일 MBC의 여론조사에서 한나라당 이회창 후보가 46.5%를 차지했다. 노무현 후보는 순위권에도 들지 못했다. 3월초까지 노사모 지지자들을 빼고 일반인들은 노무현 후보에 대한 인지도가 낮았다.

그러나 3월 9일 제주경선에서 시작된 분위기가 광주경선 때 불거지고 이러한 노풍은 여론조사 결과에서 드러났다. 광주경선 뒤인 3월 18일 MBC-갤럽 조사에서 노무현(39.6%)이 이회창(37.3%)을 오차범위에서 앞지르기 시작하였다. 4월 2일엔 같은 조사에서 33.4%(이)대 49.5%(노)로 16.1%포인

광주 경선에서 노무현 후보가 1위를 하자 환호하는 노사모 회원들 (오마이뉴스 2002년 3월 17일 이종호 기자)

트 앞서 나갔다. 그 뒤 4월 10일의 문화일보-TN소프레스 조사에선 29.5%(이)대 56.2%(노)로 노무현 후보가 무려 두 배 가까운 26.7%포인트 차이로 이회창 후보를 압도하였다.[35]

경선과정을 집중 취재하여 보도한 인터넷신문〈오마이뉴스〉는 민주당 광주경선이 있던 3월 16일 325만 페이지뷰(방문자 108만명)를 기록하면서 그동안 정치에 무관심했던 20~30대 젊은 네티즌이 정치에 눈을 돌리기 시작하였다. 각 포털사이트 정치뉴스 코너의 조회수는 전에 비해 4~6배 늘었고 검색어 순위에서 노무현, 이회창, 이인제 등이 상위를 차지하였다.[36]

이렇게 경선 결과는 즉각적으로 인터넷을 통해 수많은 이들에게 파급되었고 관심과 참여를 불러 일으켰다. 이후 노무현은 60%에 가까운 지지도를 얻으면서 "노풍"을 타고 4월 26일 민주당의 대통령 후보로 당선된다.

## 노풍의 트리거: 노사모

노풍은 우리 사회를 강타한 거대한 해일이었으며, 정치 판도를

---

[35]  되돌아본 대선레이스 300일, MBN뉴스, 2002년 12월 19일
[36]  인터넷신문도 국민경선 열풍 '후끈', 미디어오늘, 2002년 3월 29일

뒤흔든 강력한 지진이었다. 노풍의 진앙지가 노사모(노무현을 사랑하는 모임)라는 데에 대해서는 이견이 없었다.

2001년 4월 13일 16대 총선에서 노무현 후보가 부산에서 낙선했다. 기득권을 버리고 지역주의 타파를 외쳤던 그가 결국에 낙선 한 것으로 알려지자 14일 새벽, 노 의원의 홈페이지인 '노하우'(www.knowhow.or.kr)와 피시통신 토론방에는 그의 낙선을 개탄하는 수많은 네티즌들의 울분이 쏟아졌다.

노사모를 처음 제안한 사람은 누구였을까? 4월 15일 새벽, 대전의 한 PC방 이었다. 노무현 홈페이지 자유게시판에 '늙은 여우'(이정기)라는 네티즌이 '노무현 팬클럽'을 제안하고 회원 모집을 받기 시작했다. 곧 회원으로 가입하는 네티즌들이 줄을 이었다. 노사모 결성을 제의한 30대 중반의 이정기 씨는 "노 당선자의 낙선을 접하고 '이건 아니다' 싶어서 인터넷에서 노무현 지지자들을 규합했다"고 말했다.[37] 그는 노무현과는 직접 만난 적도 이야기를 나눈 적도 없으며 아무런 지연이나 학연도 없는 사람이었다.

효율적인 회원 모집을 위해 "노무현 팬클럽 임시 게시판"이 개설됐고, 한국 최초의 정치인 팬클럽 "노사모"가 시작되었다. 며칠 만에 300여명의 회원이 모였다. 회원들은 회사원에서 주

---

[37] 공신 '노사모'…고비마다 '수호천사' 활약, 동아일보, 2002년 12월 20일
〈연합인터뷰〉 노사모 창립자 이정기씨, 연합뉴스, 2002년 12월 19일

부, 학생까지 다양했고, 나이도 10대에서 50대까지 광범하게 걸쳐 있었다.

임시 게시판(http://galaxy.channeli.net/later2/)을 처음 개설한 사람은 김민정(서울시 관악구)씨였다. 그녀는 "한 정치인을 추종하는 모임이 아니라 '노무현'이라는 매개체를 통해 지역통합의 시대를 여는 데 네티즌들이 앞장서려는 뜻이 담겨 있다"고 말했다.[38] '노사모' 임시게시판은 2000년 4월 하순을 거치며 하루 2~30명씩 가입 신청이 밀려들고 조회수가 폭증했다. 이 때문에 무료 게시판의 기능이 제대로 작동치 않게 되었고, 추가 게시판을 만들 수 있는 사람들의 지원을 요청하게 되었다.

홈피 의견 게시용 게시판 및 보조용 게시판이 만들어졌다. 절세미녀의 홈피 의견 제시용 게시판(http://board7.free.cgiserver.net/CrazyWWWBoard.cgi?db=later202b)이었다. 한편 황의완이 서버와 도메인환경을 제공하고 런컴(강영세)이 게시판 통합용 페이지를 제작했다. 런컴의 보조용 게시판(http://www.1n1.co.kr/webhosting/nomu/index1.html)이었다.

요약하면 이정기라는 한 사람의 제안이 노사모 촉발의 결정적인 계기가 되었으며 대전의 한 피시방에서 회원 300여 명이

---

38 '노무현씨 이젠 함께 갑시다', 한겨레, 2000년 5월 4일 19면

최초로 모였다.[39] 이후 각자의 제안과 의견이 나름대로 조금씩 노사모를 만들어갔다. 본격적인 노사모의 모습을 갖출 때까지 역시 복수의 트리거들이 활약하였다.

이후 각 지역별 모임을 결성하기로 하고 수도권, 충청지역, 호남, 영남, 강원, 제주 등 전국을 6개 구역으로 나누어 지역별 모임의 결성을 추진했다. 5월 3일 서울과 광주, 부산 등 '노무현을 사랑하는 모임'(노사모)의 지역별 지부 결성이 끝났다. 5월 7일 대전에서 각 지역 노사모 회원들이 모여 팬클럽 창립에 관해 협의를 했다.

5월 17일 노사모 공식 홈페이지(www.nomuhyun.org)를 열었고 5월 28일 제1차 노사모 전자 투표 실시하면서 안건, 창립 총회 날자를 결정했다. 드디어 6월 4일, 노사모 회칙 제정을 위한 전자 투표를 수행하였으며, 6월 6일 노사모 창립총회를 대전에서 개최하면서 공식 출범했다.

2000년 6월 공식 출범 할 때는 회원이 600명이었고 1년이 지난 2001년 6월에는 2,800여명이 되었다.[40] 2001년 10월 노사모는 전국 및 해외 13개 지부에 4,400여명의 회원을 거느린 모임으로 발전했다.[41] 2002년 1월초에는 6,700명[42]이라고

---

39 〈노당선 일등공신 노사모〉, 연합뉴스, 2002년 12월 19일자
40 "전국투어 갑니다" 바쁜 노무현 – '개혁 전도사'로 행보 가속, 경향신문, 2001년 6월 7일자 4면
41 〔여의도 정가산책〕 정치인과 사조직… 정권창출 숨은 첨병으로, 국민일보

하거나 7천명이라고도 했는데[43] 대개 6,000~7,000명 사이에 이른 것으로 보인다.[44]

2002년 2월 26일 8,136명[45]이었던 회원 수는 노풍이 불고 난 3월 21일 1만5,000명을 넘어섰고, 3월 29일에는 2만1,800 여명[46]으로 늘었다. 3월 16일 민주당 광주경선 이후 하루 평균 8백~1천명이 신규회원으로 가입 했다.[47] 결국 2002년 6월에 는 4만 명에 이르게 된다.[48] 1년 사이에 10배 넘게 증가한 셈이

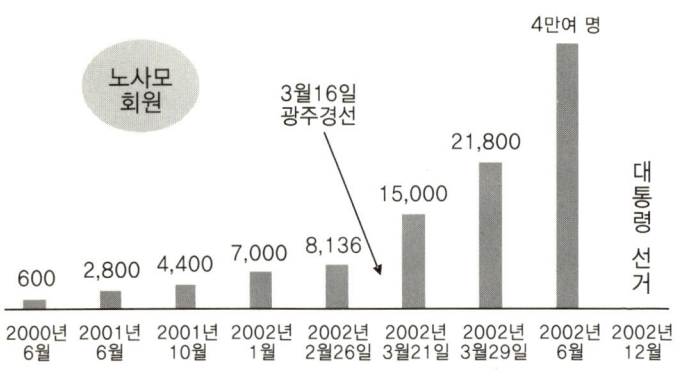

2001년 10월 6일

42 한국일보, 2002년 1월 17일 4면

43 국민일보, 2002년 1월 18일 3면

44 조선일보, 2002년 1월 17일 5면, 국민일보, 2002년 1월 9일 4면

45 〔민주당〕 대선주자들 '사이버 표밭갈이', 한국일보, 2002년 1월 27일

46 〔민주당〕 노풍의 진원 '노사모의 힘', 한국일보, 2002년 3월 29일

47 노무현 바람의 진원지 '노사모', 프레시안, 2002년 3월 25일

48 손혁재, 「노사모와 시민운동 절반의 동지 절반의 타인」, 노혜경 외, 『유쾌한 정치반란, 노사모』, 개마고원, 2003

었다. 이렇게 폭발적으로 노사모 회원이 증가한 것은 국민경선제와 광주의 노풍이 결정적이었다.


## 노사모와 붉은악마

노사모 조직은 월드컵 때의 붉은악마와 닮았다. 누구나 인터넷으로 회원이 될 수 있으며 자발적으로 가입한 보통 사람들의 조직이다. 전국적으로 29개 지방조직이 있지만 노무현 후보와는 관계없이 자생적으로 움직인다. 조직력은 자금력과 비례한다는 정치권의 상식으로 이해되지 않아 정치학자들과 전문가들을 어리둥절하게 했다. 자신의 돈을 내고 후원한다는 것은 상상할 수 없는 일이었기 때문이었다. 노사모는 조직력과 자금력이 약한 노무현 후보에게 커다란 힘이 되었다.

노사모는 평범한 사람들이 주축을 이루고 있었다. 노사모 회원은 초등학생부터 70대 노인까지 다양하다. 그동안 정치에 무관심하던 20-30대가 전체의 50%를 차지했다. 직업별로는 일반 사무직 종사자가 제일 많은 비중을 차지했다.[49]

중요한 안건은 세 달에 한번 씩 각 지역 대표들이 회의로 결정했고, 수시로 부정기적인 온라인 회의를 개최했다. 매년

---

[49]   노무현 바람의 진원지 '노사모', 프레시안, 2002년 3월 25일

있는 회장 선출 등 전체 회원의 의사가 반영되어야 하는 일은 전자투표를 통해 결정했다. 운영경비는 회원들의 회비를 통해 조달되었다.

노사모라는 조직은 어느 한 두 사람의 리더에 의해서 움직이거나 중앙조직의 명령체계에 따라 일사불란하게 움직이는 것으로 보이지는 않았다. 개인들의 자발성에 입각한 합의를 추진하는 형식으로 움직인다는 점에서 붉은악마와 유사한 특성을 지닌 것으로 보인다. 개인 개인들의 신명나는 자발성에 기초하여 집단적인 의사를 도출해 나간다. 이러한 조직에서는 개개인의 자발성이 우선이지, 집단적인 합의가 우선되지는 못한다. 집단적인 합의가 마음에 들지 않으면, 언제라도 노사모에서 탈퇴하거나 활동을 정지하면 그만이기 때문이다.


## 노무현 대통령 후보와 약자의 선순환

잘 알려져 있다시피 노무현 대통령이 처음 노사모의 지지를 받았던 공간은 역시 인터넷이었다. 노사모가 탄생하고 주로 활동했던 공간은 인터넷 공간이었기 때문이다. 인터넷 공간을 통하여 노사모의 세력은 급속히 확산되기 시작하였으며, 노사모에 가입하지 않은 일반인들까지도 노사모의 인터넷 사이트를 방문하여 노사모에게서 영향을 받기도 하고 주기도 하였다. 노사모의 인터넷 사이트에 대한 방문 기록은 폭발적이었으며, 이는 전무후무한 현상이었다. 나아가 노사모에 게시된 글은 인터넷 곳곳으로 확산되었다. 노무현 대통령에 대한 지지는 노사모와 인터넷을 중심으로 하여 급속히 확산되고 강화되었다고 요약 할 수 있다.

하지만 인터넷 자체만의 문제가 아니라 물리적 공간과 어떠한 피드백이 작용했는가를 보아야 한다. 이를 위해서는 노무현을 둘러싼 여러 가지 코드에 대해 짚고 넘어가는 것이 필요하다 (김헌식, 2003, 노무현 코드의 반란). 노무현은 가난한 집안에서 태어나 고졸 출신으로 많은 고생 끝에 사법고시에 합격했다. 또한 편안한 변호사의 길을 가지 않고 군사 정권에 맞서 인권변호와 민주화운동을 했다. 또한 기존의 지역주의 및 보스 중심의 정치권에서 소신 있는 행보를 보임으로써 강자에 대항하는 약자의 이미지를 보였다. 아울러 1989년 5공 비리 청문회에서의 노무현 의원은 군사정권과 재벌이라는 강자에 대한 국민의 억압된 한을 날카로운 질문과 한 맺힌 분노로 표출하기도 하였다. 1990년 3당 합당 합류 거부 역시 강자인 군사정권과 기성 주류 질서에 타협하지 않는 것으로 비춰졌다.

특히 1992년 총선, 1995년 부산시장 선거, 1996년 15대 총선에서 그는 연거푸 낙선하고 1998년 서울 종로 보궐선거에서 어렵게 당선됐다. 하지만 2000년 총선에서 '지역주의 타파'의 기치를 내걸고 부산에서 출마하는 무모한 시도를 했다. 그러나 실패한 것이 약자의 선순환 구조를 작동시킨 동인이 되었다.

이러한 무모한 시도 덕분인지 2000년 부산 낙선에도 불구하고 그 낙선 때문에 한국 최초의 정치인 팬클럽 '노사모'가 인터넷에 만들어졌다. 오프라인 활동을 함께 하면서 결국 약자들의 대변자로서의 이미지가 강력하게 증폭되었다고 할 수 있다. 선순환을 탄 약자적 행동은 결국 폭발적 지지를 얻은 셈이다. 즉, 약자로써의 실패와 상처는 반복될수록 결국에는 긍정적인 선순환의 방향으로 돌아온다는 사실이다.

결국 노무현 후보는 약자의 선순환 구조에서 요구하는 두 가지 요소를 모두 충족시키고 있었다. 첫째는 약자의 고통이다. 노무현 후보는 부산 지역에서 수차례에 걸쳐 낙선하는 고통을 안고 있었다. 둘째는 약자에 대한 지지의 명분이다. 노무현 후보는 지역주의 타파라는 명분을 내걸고 있었으며, 이러한 명분을 몸으로 실천하는 모습을 보여준 것이다. 이러한 약자의 고통과 명분의 결합은 노무현 후보를 지지하는 약자의 선순환이 창출될 수 있는 기반을 형성하고 있었다.

이때에 결정적인 티핑 포인트를 만들어 낸 것은 노무현 후보의 약자성에 더하여 광주의 한(恨)이 더해졌다는 점이다. 차별과 소외의 상징성을 간직한 광주에서 노풍이 불기 시작한 것은 약자의 선순환을 급격하게 증폭시키는 효과를 가져왔다. 후보의 약자성에 더하여 선거인단의 약자성이 결합하여 폭발적인 위력을 창출하기 시작한 것이다.

## 역전되는 약자의 선순환과 노풍의 위기

그러나 곧 약자의 선순환은 역전되는 현상을 보인다. 민주당의 6·13지방선거와 8·8 재·보선 참패로 후보사퇴 논란이 제기되었다. 결정적으로 4월 30일 김영삼 전 대통령을 찾아가 시계를 내보인 '사건'은 강자와의 타협으로 비쳐져 지지도를 15%대로 떨어뜨렸다. 노무현 후보가 김대중 대통령의 친인척 비리에 소극적인 대응을 하는 것은 기존의 강자 질서에 영합하는 것으로 보였다. 변화를 기대했던 지지자들은 등을 돌리기 시작하였다. 나아가 민주당 내에서 노무현 후보에게 지지를 보내던 의원들조차 하나 둘씩 후보 교체론에 힘을 싣기 시작하였다.

그러나 다시 약자의 선순환은 노무현 후보에게 미소를 보내기에 이른다. 한동안 소강상태에 있던 노풍은 강자적인 기존 정치 행태가 일어나면서 다시 살아났다.

무엇보다도 민주당 당내에서 노무현 후보를 사퇴시키려는

움직임이 공개적으로 일어나기 시작했기 때문이다. 여론 조사 결과 지지율이 낮아졌다고 해서 후보를 사퇴하라고 하는 당내의 요구는 많은 국민들에게 노무현 후보의 약자성을 다시금 각인시켰다.

급기야 민주당 내에서 국민통합 21의 대통령 후보인 정몽준 후보와의 후보 단일화를 요구하는 후단협이 등장하면서 노무현 후보는 사면초가에 몰리기 시작하였다. 이렇게 사면초가에 몰리는 노무현 후보를 바라보는 국민들의 마음 속에서 약자의 선순환이 다시금 돌기 시작하였다.

특히 10월 17일에 있었던 김민석 전 의원의 탈당은 노풍을 재점화 시키는 기폭제였다. 불과 몇 달 전 서울시장 선거에서 노무현 후보와 손을 맞잡고 유세를 했던 김민석 전 의원의 탈당과 국민통합 21에의 참여는 국민경선 이후 꺼져가던 '노풍'을 되살리는 기폭제가 됐다. 급기야 대통령 선거일 하루 전인 12월 18일 10시에 전격적으로 발표된 정몽준 의원의 단일화 합의 번복은 일반적인 예상과는 달리 많은 사람들에게 약자의 선순환을 촉발시켰다. 결국 노무현 후보는 약자의 선순환을 타고 마침내 대선에서 승리한다.

# 07

# 대통령 탄핵과 415총선

약자의 선순환이 몰고 온 소용돌이인 노풍으로 당선된 노무현 대통령은 기존의 정치권은 물론이고 많은 국민들에게도 낯설고 이질적인 대통령이었다. 이 충격은 김대중 대통령의 등장 때 보다도 더 심한 것으로 보였다. 김대중 대통령은 십수년 간 야당의 지도자로 활약하여 왔던 반면, 노무현 대통령은 그야말로 어느 날 갑자기 노풍을 타고 대통령으로 등장하였기 때문이다. 그만큼 기존의 권력자들은 새로운 대통령을 대통령으로 받아들이기 어려웠는지 모른다.

노무현 대통령을 인정하지 않으려는 움직임은 무엇보다도 대통령을 당선시킨 민주당 내부에서부터 움트고 있었다. 이미

2002년 대통령 선거 과정에서부터, 많은 민주당 국회의원들은 노무현 대통령 후보를 후보로 인정하지 않고 있었다. 이른바 후단협(후보단일화협의회)을 구성하여 노무현 후보와 다른 정당의 후보인 정몽준 후보와의 통합을 시도하였다. 이러한 시도는 그 자체로 이미 노무현 후보의 대표성을 인정하지 않는 것이었다. 후단협을 중심으로 많은 민주당 국희의원들은 노무현 대통령 후보를 후보로 인정하지 않았다.

노사모 회원들을 중심으로 한 노무현 후보 지지자들은 후단협을 한나라당보다 더 싫어하였다. 지지해야 할 사람이 지지하지 않을 때 그 배신감은 경쟁자에 대한 감정보다도 더 큰 법이었다. 이러한 갈등과 감정의 골은 12월의 극적인 대통령 당선으로 모두 씻겨진 듯 하였지만, 그렇지 못하였다. 결국 후단협을 비롯하여 민주당을 지키려는 사람들은 민주당에 남고, 노무현 대통령을 적극적으로 지지하는 사람들은 '열린우리당'을 창당하여 따로 나오게 되었다. 대통령을 배출한 정당이 두 개로 쪼개지는 전무후무한 사태가 발생한 것이다. 이러한 감정적인 앙금은 결국 대통령 탄핵이라는 헌정 사상 초유의 사태에 이르게 하는 불씨가 되었다.

# 대통령 탄핵과 약자의 선순환

2004년 4월 15일 총선거를 앞두고 민주당과 한나라당은 공무원 선거법 중립위반과 몇 가지 실정을 들어 노무현 대통령을 탄핵 소추했다. 이미 2002년 대선을 통해 형성되었던 지지도가 바닥으로 추락했기 때문에 조금만 강하게 밀어 붙이면 국민들의 지지를 얻을 수 있을 것으로 판단했다.

그러나 여론의 방향은 탄핵을 추진한 이들에게 오히려 치명적인 상처를 남겼다. 이러한 결과를 놓고 보면 노무현 대통령과 열린우리당을 국민들이 전폭적으로 지지했기 때문이라고 생각하기 쉽다. 혹은 민주개혁 세력 그리고 시민사회단체에 대한 절대적인 지지여론이 있는 것으로 생각할 수도 있다. 그러나 그 과정을 보면 다르게 해석할 수 있다.

2004년 3월 9일 한나라당과 민주당 및 자민련 소속 의원 159명은 국회에 대통령 탄핵 소추안을 제출했다. 3월 11일 탄핵소추안이 상정되었지만 열린우리당 의원들의 제지로 무산되었다. 3월 12일 오전 11시 5분쯤 몇몇 열린우리당 의원들이 점거하고 있던 국회본회의장에 국회경위들과 함께 들어온 박관용 국회의장이 경호권을 발동하고 열린우리당 의원들을 물리적으로 끌어내면서 곧바로 탄핵소추안을 상정해 제안 설명도 유인물로 대체한 채 무기명 투표에 들어갔다. 결국 찬성

193명 반대 2명으로 탄핵소추안이 가결되었다. 야당의원 195명 가운데 2명만이 반대했다. 단 몇 분 만에 오랜 민주화의 상징인 국민투표로 선출된 대통령의 직무가 정지되었다.

중요한 것은 이 과정에서 열린우리당 의원들이 강제로 끌려 내려가면서 울부짖는 모습이 생생하게 중계되었다는 점이다. 그것은 다수 의석을 차지하고 있던 한나라당과 민주당이 일방적으로 대통령을 끌어 내리는 모습이었다. 탄핵을 소추한 측은 거대한 강자이고 열린우리당과 노무현 대통령은 약자인 소수의 개혁 세력으로 비쳐졌다. 더구나 대통령은 변방과 비주류의 한을 대변해 선출된 대통령이었기 때문에 그 충격은 더 강할 수밖에 없었다.

국민이 뽑은 대통령을 국민적인 여론수렴 없이 다수당의 국회의원들이 일방적으로 탄핵할 수 있다는 사실이 국민들에게 큰 충격으로 다가왔던 것이다. 이는 자신과 대통령을 동일시하는 심리에서 비롯된다고도 할 수 있다. 즉, 약자인 자신이 언제든지 강자에게 당할 수 있고 당해왔다는 피해의식과 불안이 그대로 약자의 선순환을 촉발시킨 것이다.

대통령 탄핵은 급속히 약자의 선순환 구조를 형성시켰다. 첫째, 국회 의사당에서 끌려 나가는 열린우리당 의원들의 모습에 더하여 약자성의 이미지가 강한 노무현 대통령의 직무정지는 약자의 고통을 국민들에게 깊이 각인시켜 주었다.

# 2004년 3월12일… 어찌 할까, 어찌 될까

설마 설마하던 탄핵 가결은 일대 충격파를 몰고 왔다. (동아일보 2004년 3월 13일)

둘째, 그다지 설득력이 높지 않은 이유를 가지고 다수의 국회의원들이 대통령을 탄핵한다는 것은 명분이 서지 않는 일이었다. 탄핵을 주도하는 측의 명분이 약한 만큼, 탄핵을 당하는 약자의 명분은 오히려 강하게 부각되었다. 대통령을 보호하는 것이 민주주의를 수호하는 것으로 국민들에게 인식되었다. 탄핵을 반대하는 광장의 촛불시위에서 "민주 수호"와 "탄핵 반대"라는 구호가 명분을 얻을 수 있었다.

약자의 고통과 명분이 갖추어지면서 형성된 약자의 선순환은 빠른 속도로 돌기 시작하였다. 다수의석을 통한 일방적인 힘의 행사는 많은 국민들의 저항을 불러일으켰으며, 전국적으로 밤마다 촛불시위가 벌어지게 하였다. 시민사회단체뿐만 아니라 일반 시민들이 탄핵을 야3당의 쿠데타, 3·12쿠데타로 이름 붙이고 탄핵안 철회운동에 나서기도 했다. 이러한 시위와 분노는 인터넷 매체를 통해 확산되면서 약자의 담론을 형성하기 시작했다.

탄핵에 대한 국민적인 불안과 분노는 다음 달 실시된 4월 15일 제17대 국회의원 총선거까지 그대로 이어졌다. 열린우리당이 과반이 넘는 152석(지역구 129석, 비례대표 23석)을 차지했고, 제1당이던 한나라당은 121석(지역구 100석, 비례대표 21석)밖에 얻지 못했다. 총선이전에 61석으로 제2당이었던 새천년민주당은 9석(지역구 5석, 비례대표 4석)밖에 얻지 못해 원내교섭단체를 구성하는데 조차 실패했다. 원내교섭단체 구성을 자신했던 자유민주연합은 지역구 4석만을 얻었다. 정당별 비례대표 득표율은 열린우리당이 38.3%, 한나라당이 35.8%, 민주노동당이 13%, 새천년민주당이 7.1%, 자유민주연합이 2.8%이었다. 12대 국회이래 16년 만에 여대야소(與大野小) 국회가 되었다.

이 과정에서 두 가지 심리가 작용했다. 하나는 변방과 비주류 출신이 개혁을 추진하기 위해서는 강력한 힘이 필요하다는 인식이다. 따라서 소수당이 아니라 다수당이 되어야 한다는

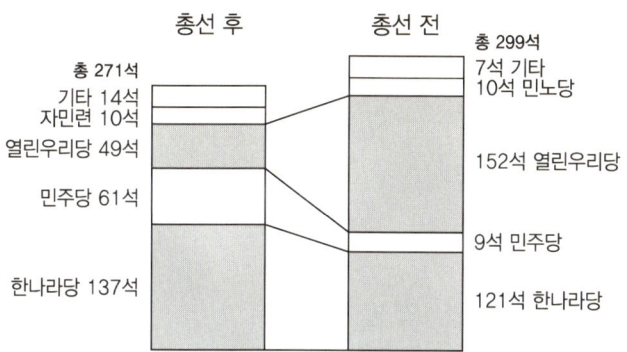

총선 후　　　　총선 전

총 271석　　　　　　　　　　　　　　총 299석
기타 14석　　　　　　　　　　　　　7석 기타
자민련 10석　　　　　　　　　　　　10석 민노당
열린우리당 49석

　　　　　　　　　　　　　　　152석 열린우리당
민주당 61석

　　　　　　　　　　　　　　　9석 민주당
한나라당 137석　　　　　　　　　　121석 한나라당

2004년 4월 15일. 17대 국회의원 선거에서 탄핵을 추진하던 정당의
세력이 크게 위축되고, 탄핵을 당한 노무현 대통령을 지지하던 열린우리당
이 약진하였다.

심리가 형성되었다. 이는 노무현 대통령이나 열린우리당을 핵
심적으로 적극 지지했던 이들이 지녔던 심리였다.

또 하나는 강자가 약자를 무참하게 짓밟는 현상을 보면서
국민들에게 강자에 대한 혐오 내지는 약자에 대한 동정심이
발생되었다는 점이다. 일각에서는 대통령이라는 절대적인 존
재를 국회의원들이 함부로 건드리는 신성불가침의 위배에 대
한 분노라고 지적하기도 한다. 왕조시대의 잔영이 아직도 남아
있기 때문이라는 지적이다. 이러한 관점을 취한다고 하더라도,
국민들은 강한 신하에 휘둘리는 약한 왕을 지지한 셈이었다.

결국 국민의 힘으로 대통령을 지켜야한다는 심리로 이어진
다. 국민들이 선출한 대통령을 탄핵하는 강자들에게 표를 주지

않겠다는 심리, 그리고 그 대통령을 지지하는 불쌍한 정당에게
표를 몰아주겠다는 동정심의 표현이 4.15총선의 결과라는 것
이다.


## 탄핵 트리거와 티핑 포인트

탄핵 반대 촛불시위를 불러일으키는 결정적인 트리거는 인터
넷과 텔레비전이었다. 하지만 탄핵반대집회는 친노이건 반노
이건 간에 모두 평범한 사람들을 중심으로 자발적으로 모였다
는 것이 특징이었다.[50] 시민들은 민주주의 수호와 불의에 대한
항거라면서 연일 시위에 참가했다. 여기에서 불의는 강자의
약자에 대한 폭력 행사를 뜻한다. 민주주의 수호는 독재정권이
약한 시민들에 가한 폭압적인 체제의 경험에서 나온 의식에서
비롯한다. 결국 탄핵 사태는 강자에게 당해왔던 독재를 경험한
평범한 사람들에게 약자의 선순환을 발동시켰다.

더구나 탄핵 가결은 민주당과 한나라당 의원들이 국회 단상
을 지키던 열린우리당 의원들을 끌어내면서 이루어졌다. 이
광경은 인터넷과 텔레비전으로 생생하게 전국으로 파급되었
다. 과거와 같았다면 이 같은 생생한 광경은 뉴스나 신문에

---

[50] '150만개 촛불' 잦아들다. 경향신문 2004년 3월 28일

간단하게 언급되거나 보도되었을 것이다. 탄핵가결은 약자의 선순환을 타고 티핑 포인트를 형성한 것이다.

강자에게 억압당했던 보통 사람들의 한은 티핑 포인트를 만나 다시 탄핵 반대 촛불 시위를 만들어 내기에 이른다. 탄핵 소추를 앞두고 3월 12일 아침부터 여의도 국회 의사당 앞에서는 노사모 회원들을 중심으로 수백명의 시민들이 탄핵 반대 시위를 하고 있었다. 탄핵 가결 뒤 여의도 국회의사당 앞의 시위대는 오후 들어서 3,500명을 넘어서는 큰 규모로 확대되기 시작하였으며, 급기야는 차량을 몰고 국회의사당으로 질주하는 사태까지 발생하였다.

"4.15심판 불꽃은 계속 타오른다 광화문 8만인파 '질서있는 난장'", 오마이뉴스, 2004년 4월 27일 (사진 권우성 기자)

탄핵 가결 이후 반대 시위는 여의도에서 광화문으로 옮겨가기 시작하였다. 광화문의 광장으로 옮겨가면서 촛불시위는 본격적으로 확산되었다. 광화문에서의 탄핵반대 촛불시위는 효순이 미선이의 슬픔을 애도하는 항거를 이으면서 동시에 붉은 악마의 축제를 잇는 복합적인 시위 문화로 발전되고 있었다.

3월 12일부터 27일까지 150여만 명이 촛불시위에 참가했다. 13일 밤 서울 광화문에서는 7만여 명(경찰 추산 5만, 주최측 추산 10만)의 시민들이 탄핵무효 촛불집회에 참가했다.[51] 3월 20일 광화문에서 13만 명[52]이 모이고 전국적으로 100만

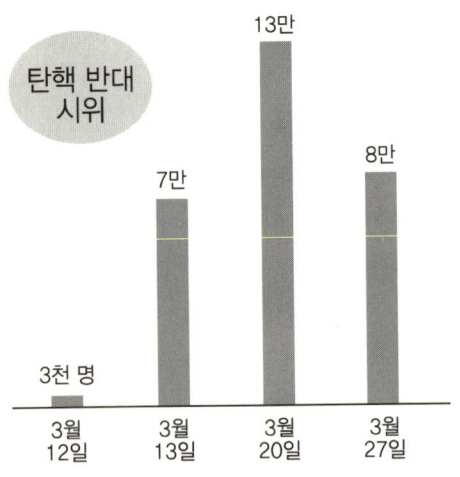

탄핵 반대 시위

13만

7만

8만

3천 명

3월 12일    3월 13일    3월 20일    3월 27일

---

51    "탄핵무효, 민주수호" 수만 명 함성, 연합뉴스, 2004년 3월 13일
52    '150만개 촛불' 잦아들다, 경향신문, 2004년 3월 28일

명이 참여하여[53], 정점을 이루었다. 시위 마지막 촛불시위인 27일에는 8만명(탄핵행동범국민행동추산)이었다. 그 뒤 서명 운동으로 전환되었고 시민들의 촛불시위는 잦아들었다.

29일 밤 550여개 시민사회단체로 구성된 '탄핵무효 국민 행동'은 명동성당 앞 계단 한쪽에 탄핵무효 촛불탑을 설치하고 광화문에서 중단했던 촛불집회를 이었다. 시민발언과 율동, 퍼 포먼스들을 곁들여 진행됐는데 국민행동 관계자와 시민, 네티 즌 등 100여명만이 참가했다.[54]

이렇게 약자의 선순환을 통해 전국적으로 시위에 참가했던 사람들이 안정되어간 것은 무슨 이유일까? 제도적인 절차를 통해 해결하자는 주장이 설득력을 가졌기 때문일 수도 있다. 하지만 헌재의 판결이 강자들에게 유리하게만 돌아가지 않을 것이라는 인식이 확산되기 시작하면서 탄핵반대 집회가 잦아 들었다고 보는 것이 정확할 것이다.


## 티핑 포인트에 묻혀진 정책 평가

총선시민연대는 2002년의 낙선운동의 한계를 인정하면서

---

53 "촛불 끄고 서명운동 전개", 한국일보 2004년 3월 28일
54 100여명 명동성당서 촛불집회, 연합뉴스 2004년 3월 29일

2004년 총선에서는 부정부패뿐만 아니라 정책 평가를 중심으로 후보자에 대한 낙선 혹은 지지운동을 벌이겠다고 공언했다. 그런데 갑작스런 탄핵사태로 이런 작업들이 순식간에 무의미하게 되었다.

총선시민연대의 정책 평가기준이 과연 옳은지, 그른지의 본격적인 논의도 없이 대표적인 정책 이슈들이 묻혀 지나갔다. 예를 들면 이라크 파병, 연이어 노동자 분신을 빚은 노동 정책, 날로 심각해지는 청년 실업과 신(新)빈곤 문제, 북핵과 햇볕정책의 퇴행 논란, 한·칠레 자유무역협정(FTA)등 교역 정책, 부안 핵 폐기장 문제, 행정수도 충청권 이전, 재벌개혁 정책의 수위, 교육정보행정시스템(NEIS)과 집시법 개정 문제 등이 대표적인 정책 이슈였다.[55]

실제로 탄핵의 열풍에서 각 인물이나 정책을 구체적으로 평가하기 보다는 소속 정당에 대한 투표 행태가 지배하였다. 탄핵을 감행했던 정당 소속의 후보는 반대하고 열린 우리당 후보를 무조건 지지하는 현상이 일어났다.

415 총선에서 열린우리당의 압승은 탄핵으로 인한 티핑 포인트 현상이었다. 즉, 열린 우리당에 대한 지지는 약자의 선순환에 따른 강자에 대한 견제 심리가 강하게 작용한 결과이지,

---

[55] 〔손호철의 정치논평〕탄핵에 가려진 선거쟁점, 한국일보 2004년 3월 29일

정책적 동의나 구체적인 정책 대안에 대한 승인은 아니었다는 것이다. 이러한 점을 혼동하는 것은 결과적으로 뜻하지 않은 결과를 낳을 수 있다. 그것은 실제로 이후에 벌어지게 된다.

# 티핑 포인트의 연계와 오해 그리고 정책 실패

## 티핑 포인트들의 연계성과 공통성

이제까지 살펴 본 사건들은 하나하나가 티핑 포인트를 이루면서 한국 사회를 급격히 변화시켜 왔다. 아울러 이러한 티핑 포인트들은 하나의 변화가 다른 변화의 기반이 되는 방식으로 상호 연결되면서 전개되어 왔다. 이러한 대위법적인 변주를 거치면서 한국 사회의 정치적 사회적 판도는 이전과 비교할 수 없을 정도로 변화되었다.

먼저 한국 사회를 변화시켜 온 것은 강자들 사이에서 고통

받고 소외 받았던 약자들에 대한 지지를 급격히 증폭시킨 양의 피드백 루프(positive feedback loops)라고 할 수 있다. 최근에 들어서 이러한 양의 피드백 루프가 폭발적으로 작동한 중요한 원인으로써 인터넷의 보편화를 들 수 있다. 정치적 사회적 통제로부터 자유로운 인터넷 커뮤니케이션으로 말미암아, 약자를 향한 피드백 루프는 그 누구도 제어할 수 없을 정도로 폭발하는 파워를 지니게 된 것이다.

한국 사회의 근원적인 구조 속에서 한국인의 내면에 잠재되어 왔던 한(恨)의 문화는 자유분방한 커뮤니케이션과 이합집산을 보장하는 인터넷이라는 현대 문명을 만나면서 한국 사회를 근본적으로 뒤흔들만한 양의 피드백 루프 즉 선순환 메커니즘을 창조한 것이다.

인터넷 기반은 사회 문화적인 소통과 문화적 공감대를 급속하게 확장시켰다. 다시 월드컵과 광장 문화에 이어졌다. 광장문화는 주체적인 참여의 광장이라는 사회문화적 경험을 축적시켰다. 이는 효순이, 미선이 사건을 계기로 촛불시위를 낳았다. 촛불 시위라는 비폭력 시위는 정치 외교적인 정책에 변화를 유도하기에 이르렀다. 인터넷을 기반으로 했던 노사모는 국민경선제와 광주에서 만나서 노풍을 일으키고 대선에서 마침내 노무현 정부를 탄생 시킨다. 2002년 대선은 기존과는 다른 정치세력을 국가 정책의 대리자로 삼기에 이르렀던 것이다.

전대미문의 대통령 탄핵 사태를 맞이하여, 인터넷은 다시 급격히 돌기 시작하였으며, 광장에서의 촛불시위는 쉽게 재점화될 수 있었다. 이전의 티핑 포인트들을 겪으면서 약자의 분노가 어떻게 인터넷을 휘저으면서 확산될 수 있는지, 그리고 추운 광장에 촛불로 가득 메우면서 그 분노를 공유하는 방법을 이미 충분히 학습한 것이다.

일련의 티핑 포인트들은 사회 문화적으로 영향을 미쳤다. 소통과 공감대의 수평적 문화를 촉발시켜서 다양한 문화적 콘텐츠의 토양으로 만들어지고 이는 다시 다양한 문화 컨텐츠가 되었다. 영화와 드라마, 그리고 한류의 열풍은 이와 같은 디지털과 관련된다. 이러한 과정을 통해서 약자를 억압하는 체제에 대해서 굴복하지 않는 사회적 시스템과 자신감이 구축되었다.

## 티핑 포인트에 대한 오해

이렇게 티핑 포인트들을 몰고 온 구조적 공감대를 이해하지 못하고 겉으로 불거진 현상만을 바라보는 경우, 정치 사회적 변화의 의미를 잘못 짚을 수밖에 없다. 약자에 대한 지지가 인터넷과 광장이라는 피드백 고리를 타고 증폭되었다는 메커니즘을 무시하고, 그 결과로 나타난 총선 결과에만 집착하여 다수의 국민들이 열린 우리당을 지지한다거나 다수의 국민들이 열린 우리당이나 노무현 대통령이 내건 정책을 지지한다고 해석하는 것은 오해라는 것이다.

이는 마치 호랑이 앞에 나선 여우가 모든 동물들이 벌벌 떠는 것을 보고 자신이 높아진 것처럼 착각하는 것과 마찬가지이다. 동물들이 무서워하는 것은 여우가 아니라 여우 뒤에 있는 호랑이인 것처럼, 국민들의 지지는 정치가 개인이나 특별한 정책에 의해 창출된 것이 아니라 약자의 선순환과 많은 트리거들이 창출한 것이다. 그럼에도 불구하고 약자의 선순환과 트리거들을 잊어버린다면, 그 정치적 지지는 소멸될 수 밖에 없는 운명에 처한다.

이러한 현상으로 대표적인 예가 이라크 파병 정책과 행정수도 이전 정책이었다. 노풍에 의해 당선되고, 탄풍에 의해 집권력이 강화된 집권세력은 국민들이 껄끄러워하던 이라크 파병 정책과 행정수도 이전 정책을 본격적으로 추진하기 시작하였다.

이라크 파병 정책에 대한 국민들의 여론은 찬성보다는 반대가 다수를 형성하고 있었다. 그러나 미국과의 외교적인 문제에 민감할 수 밖에 없는 집권세력은 친미적인 색채가 강한 한나라당과 연합하여 이라크 파병 정책을 국회에서 통과시켰다. 이러한 과정에서 집권세력은 국민들에게 적극적인 설명을 하거나 설득을 구하는 절차를 충분히 밟지 않았다.

행정수도이전 정책 역시 마찬가지였다. 여러 여론 조사에 따르면 행정수도 이전 정책에 대한 국민들의 여론은 찬성보다는 반대가 다수였다. 그럼에도 불구하고 집권 세력은 노풍과 탄풍으로 형성된 정치적 지지 현상을 믿고 행정수도 이전 정책을 밀어붙이기 시작하였다. 이러한 밀어붙이기 역시 이라크 파병 정책과 마찬가지로 국민들의 여론을 수렴하려는 노력을 소홀히 하였다.

두 정책은 서로 다른 결과를 초래하였다. 이라크 파병 정책의 경우 국민 여론이 찬성에서 반대로 돌아섰지만, 행정수도 이전 정책에 대한 국민들의 반대는 수그러들지 않았으며 결국 정책 실패로 나타났다. 왜 그러한 결과가 발생하였는가? 이에 대해 살펴볼 차례이다.


## 김선일 씨의 죽음과 이라크 파병 정책

초기 이라크 파병에 대해서는 부정적인 견해가 많았다. 경제적 이익 혹은 정치 외교 안보가 걸려 있는 문제였지만 명분 없는 전쟁이라는 반대 주장이 대립하는 가운데 파병에 반대하는 움직임이 컸다. 그러나 참여정부나 열린우리당, 한나라당은 지속적으로 파병에 대한 현실성을 주장하여 왔다. 국가 안보와 미국과의 관계 때문에 파병이 불가피하다는 점을 국민들이 이해해 줄 것이라고 기대하였다.

그러나 파병 반대의 여론이 변화하기 시작한 것은 정책적인 홍보나 설득이라기보다는 김선일 씨 사건에서 비롯하였다. 2004년 6월 22일 아랍계 무장단체 알카르자위에 피랍되었던 가나무역 직원 김선일 씨가 참수된 채 발견되었다. 설마 참수하겠느냐는 국민적인 안도와 불안의 교차점에서 하루 만에 벌어진 이 같은 일은 거센 분노를 자아냈다.

분노를 폭발시킨 이유를 분석해보면 몇 가지로 압축된다. 먼저 단 하루 만에 이라크에 파견한 병력을 철수하라는 무리한 요구는 강자가 약자에게 가하는 일방적인 힘의 행사라는 인식이 지배적이었다. 두 번째, 무력 수단을 가지고 있지 않은 민간인, 가나무역 직원을 살해한 것은 약자에 대한 강자의 살인으로 보였다. 세 번째, 김선일 씨가 가난한 고학생이었다는 사실은 이 같은 약자성을 더 증폭시켰다.

네 번째, 한국은 미국과 우방 관계를 맺고는 있지만 자발적이라기보다는 필요에 따라 이루어지는 것인데도 이러한 점을 전혀 고려하지 않고 있다고 보여졌다. 약한 국가가 가지는 슬픔과 한이 오히려 더 강한 모습을 보여주어야 한다는 반대효과를 낸 것이다. 다섯 번째, 자신들의 약자성을 내세워 다른 약자들을 해치는 것은 약자라기보다는 강자에 가깝게만 보였다. 여섯 번째, 약자인 김선일 씨가 무고하게 죽었다는 생각은 일반 국민 누구도 언제든지 당할 수 있다는 생각을 증폭시켰다.

이러한 결과로 해볼 테면 해보라는 식의 보복, 구석에 몰린 쥐의 심리, 즉 위기에 몰린 약자의 선순환이 작용했다. 그러면서 파병을 통해 테러무장단체와 끝까지 싸워야 한다는 여론이 비등하기 시작했다. 급기야 이러한 여론이 확산되자, 시민운동단체들은 감정적인 대응은 피의 악순환을 부른다면서 자제를 호소하기에 이른다. 김선일 씨를 추모하는 촛불시위는 계속 되었지만 파병 반대 시위는 잦아들었다. 시민사회단체의 반대집회에도 불구하고 그 열화 같은 시위는 점점 사라진 것이다.

## 행정수도 이전 정책으로 인한 갈등

2004년 10월 21일 헌법재판소는 "수도 서울이라는 관습헌법을 폐기하기 위해서는 헌법 개정절차에 의해야 하며 헌법 개정은 국민의 찬반투표를 거쳐야 하기 때문에 헌법 제130조의 참정권적 기본권을 침해한 것으로 인정된다"며 위헌 결정을 내렸다. 여기에서 관습헌법의 존재유무가 사회적인 논란거리가 된 것은 사실이지만 절차적인 문제가 있음은 부인할 수 없다. 참여정부나 열린우리당은 수도이전 정책은 이미 대통령 선거에서 국민의 심판과 동의를 받은 것이라는 주장을 내세웠다.

그러나 대선과정에서 수도 이전 공약은 다분히 막판 충청권의 표심을 잡기 위해 제안된 정책 공약이었다. 이 과정에서 한나라당은 선거전략상 수도의 충청권 이전을 반대했다. 그 결과 충청민심은 열린우리당으로 돌아섰다. 한나라당은 선거에서 지고 나서 충청권에 대한 지지도를 회복하기 위해 신행정수도 이전 특별법을 용인한다. 그래서 신행정수도건설특별법이 2003년 12월 29일 국회 본회의에서 통과되었고 2004년 1월 13일 국무회의에서 공표했다.

참여정부는 수도이전을 다음과 같은 절차적 이유 때문에 하자가 없다고 말했다.

행정수도이전 정책을 언론에서는 설득 없이 이루어진 올인 정책이라고 비판하고 있다. (경향신문 2004년 10월 22일자)

신행정수도 건설은 지난 대통령선거에서 가장 핵심적인 공약
사항이었습니다. 이 문제가 유권자들의 결정을 어느 정도 좌우
했는지 수치로 나타내기는 어렵습니다. 그러나 적어도 참여정
부가 출범하면 이 문제가 대표적인 정책으로 등장하리라는 것
은 자명한 일이었습니다.

그리고 지금의 야당이 다수당이었던 지난 16대 국회에서 신행
정수도 건설이 특별법을 통해 추인(출석의원 194명중 167명
찬성,86%)되었습니다. 이에 더해 총선에서 또 한 번 주요 핵
심정책으로 등장한 바 있습니다. 열린 우리당이 다수당이 될
경우 신행정수도 건설 추진이 확실했다는 점을 부인할 수는 없
습니다. 공청회와 토론회도 수차례 있었습니다.

이런 과정을 거쳤음에도 아직도 충분히 알려지지 않은 사항이
라고 고집한다면 국회의 권위도, 직접선거의 기능도 모두 부인
하는 셈입니다. 대통령선거, 국회 구성 모두 국민의 뜻이 절대
적으로 반영되는 절차임을 다시 한번 생각해 봅니다.[56]


대선과 총선에서 수도이전이 공약사항이었기 때문에 수도
이전은 국민들의 동의를 얻은 것이라고 주장하고 있다. 거꾸로
말하면 어떨까? 이회창 후보가 당선되었다면 국민들이 수도이

---

56  신행정수도, 대한민국의 미래를 여는 대역사, 〈국정브리핑〉 2004년 7월
    22일

전 문제에 반대했기 때문이라고 할 수 있을까? 대선에는 수많은 공약들이 나오고 이러한 공약 하나만으로 후보를 선택했다고 볼 수 없으며 공약에서 내세운 정책안이 모두 타당하다고 주장할 수 없다. 더구나 앞에서 보았지만 노무현 후보가 당선된 것은 약자의 선순환 메커니즘에 따른 티핑 포인트에 기인한 바 컸다.

특히 총선에서 행정수도이전 정책이 언급되었다는 주장은 그다지 설득력이 없었다. 열린 우리당이 다수당이 된 것은 수도이전의 문제라기보다는 탄핵의 반사 효과 때문이었다는 데 많은 사람들이 공감하고 있기 때문이다.

결국 다수 의석을 점한 여당이 수도이전을 추진하는 것은 다수의 강자가 일방적으로 밀어붙이는 모양새가 되었다. 더구나 분명 수도 이전은 국가 전체적으로 매우 중요한 문제이다. 그것이 천도이건, 행정수도이전 이건, 범주의 규모에서 약간의 차이는 있지만 본질의 면에서 같다. 웬만한 이전이라면 참여정부가 행정 수도 이전 배경으로 드는 여러 가지 문제가 해결되지 않기 때문이다.

참여 정부는 "인구의 거의 절반(2003년 현재 47.6%)이 수도권에 몰려 주택전쟁, 교통전쟁, 그리고 환경오염에 시달리며 팍팍한 삶을 살고 있으며 수도권 면적은 기껏해야 전국토의 11.8%에 불과한데 일본(수도권 인구비 32.4%) 프랑스(18.7%) 영국(12.2%)과 비교해 보아도 수도권에서의 삶이 얼마나 힘든지 알 수 있다. 2023년쯤에는 드디어 수도권 인구 집중도가 50%선을 넘어선다."며 수도 이전의 이유를 들고 있다.

더구나 "제조업체의 56.7%, 공기업 본사의 84.8%, 중앙행정기관의 83.9%, 그리고 100대 대기업 중 92개사가 수도권에 본사를 두고 있다."[57]며 민간부분만이 아니라 공공부문이 수도권에 비대하게 포진해서 민간부분의 이전을 발목 잡고 있는 문제를 들어 이전의 당위성을 주장했다. 이 같은 문제를 해결하려면 대규모 이전은 불가피하다. 민생 안정, 지방 발전 육성이라는 당위적인 시각에서 수도를 이전해야 한다는 주장은 일사분란하게 추진되었다.

그러나 결과적으로 정책적 지지와 정치적 지지는 다르다는 인식을 하지 못하고 무지의 덤불에 머리만 숨기고 안주하는 셈이 되었다(김헌식 2003, 색깔논쟁). 절차적 흠을 얼렁뚱땅 넘기려 했던 것이 오히려 화를 불렀다. 워낙 이해갈등이 많고 관계들의 얽힘이 많다는 사실을 누구보다도 잘 알기 때문에 선거의 승세에 기대어 밀어붙이고자 했는지도 모른다. 그러나 이는 승자 독식의 행태가 수도이전에 그대로 투영된 것으로

---

57  신행정수도, 대한민국의 미래를 여는 대역사, 〈국정브리핑〉 2004년 7월 22일

비춰졌다.

무엇보다 가장 중요한 것은 수도이전에 대한 독주는 참여정부의 코드와 맞지 않는다는 점이다. 일방향적인 일사 분란함은 약자의 코드가 아니라 강자의 코드이기 때문이다. 이 같은 일방향의 정책 추진이 일어나는 것은 일종의 진보독재와 관련이 있다. 약자를 대변하는 이들이 빠지기 쉬운 오류라고 할 수 있다. 먼저 약자를 대변한다고 하는 명분이 정책적인 결과까지도 모두 정당화 시켜주는 도덕적 전횡이 난무할 수 있다.

또한 정치적 지지를 믿고 정책적 비약과 월권을 한다는 점이다. 열린우리당은 탄핵 정국을 통해 다수당을 차지했다. 그러나 이러한 다수당은 열린 우리당의 정책을 보고 지지해준 것이 아니라 강자에게 당하는 약자성의 피드백 루프에 따른 것이다. 결국 강자의 횡포에 의해 거품이 형성되었다고 할 수도 있다. 이러한 거품 위에 정책적 당위성이나 현실성을 합리화는 것은 그 거품이 꺼지게 되면 치명적인 결과를 낳게 된다. 이것은 정책 시행자들에게 고스란히 자신을 해치는 부메랑이 된다.

이후 2005년 1월, 정부가 계속 추진할 뜻을 밝히는 가운데 수도 이전을 찬성하는 김두관 전 행정자치부장관은 "정부가 행정특별시안을 추진하면서 2007년에 국민투표에 함께 부쳐서 한 번 더 정리할 필요가 있다고 본다."고 밝혔다.[58]

---

58  "수도권 발전은 60 · 70년대 농어민 · 노동자 희생 때문", 〔인터뷰〕김두

결국 수도 이전 문제를 일방적으로 추진하는 것은 정치적인 국민적 지지와도 관련이 없어지게 된다. 이것은 또 하나의 권위주의 정부를 의미한다. 정치 부문에서 작동한 약자의 선순환을 통해 얻은 지지를 믿고, 정책 영역에서 일방향적인 강자의 모습을 보일 경우 지지도는 떨어질 수밖에 없다.

## 약자의 선순환이 정지할 때

이라크 파병 정책과 행정수도 이전 정책은 티핑 포인트와 선순환 메커니즘을 둘러싸고 상이한 모습을 보여주었다. 이라크 파병 정책은 갑작스럽게 국민 여론이 반대에서 찬성으로 회귀하였다. 이라크를 방문하고 있던 김선일씨가 참수형을 당하는 장면이 인터넷에 중계되면서, 김선일씨를 중심으로 하는 약자의 선순환이 돌기 시작하였기 때문이었다. 이는 집권세력을 지지하는 선순환은 아니었다. 단순히 약자인 김선일씨, 약자인 대한민국의 슬픔을 증폭시키면서, 이라크인들에 대한 반감을 증폭시키는 선순환이었다. 그러나 어찌되었든 이러한 선순환을 타면서 이라크 파병 정책에 대한 국민 여론은 반대에서 찬성으로 흐름이 바뀌게 되었다.

관 전 행자부장관, 오마이뉴스 2005년 1월 26일

다른 한편으로 행정수도 이전 정책은 집권세력의 강력한 밀어붙이기에 대하여 국민들의 다수가 저항하는 여론이 형성되면서, 헌법재판소의 위헌 판결로 귀결되었다. 아마도 이라크 파병 정책에 대한 국민 여론이 반대에서 찬성으로 회귀하는 현상을 목격하면서, 집권세력은 결정적인 때에는 국민들의 여론이 반대에서 찬성으로 회귀할 것이라는 믿음이 형성되었는지도 모른다. 그러나 이라크 파병 정책 역시 정책에 대한 반대가 찬성으로 회귀한 것은 아니었다. 이 역시 약자의 선순환이 돌기 시작하면서 여론이 변화된 것 뿐이었다.

그러나 행정수도 이전 정책의 경우는 그렇지 않았다. 무리하게 정책을 밀어붙이는 집권세력이 강자로 비추어지면서 서울 시민들이 오히려 약자로 보여지는 기현상이 발생한 것이다. 정당한 절차 없이, 행정수도를 빼앗기는 약자로 전락하였다. 이러한 상황에서 오히려 약자의 선순환은 서울 시민들을 중심으로 돌기 시작하였다. 행정수도 이전 정책에 있어서 집권세력의 지지를 결집시키는 선순환은 존재하지 않았다. 결국 행정수도 이전 정책은 민심을 얻는데 실패하였으며, 헌법재판소의 위헌 판결에 이르게 되었다.

여기에서 우리가 얻어야 할 교훈은 명백하다. 정책을 관철시키는 힘은 과거에 얻은 정치적 지지 기반이 아니라 현재에 돌고 있는 선순환의 존재 여부라는 점이다. 이라크 파병 정책은 김선일씨의 죽음으로 선순환이 돌았지만, 행정수도 이전 정책의 경우에는 오히려 강한 역풍이 불었던 것이다.

과거의 지지를 낳았던 약자의 선순환이 오늘도 작동할 것이라는 생각은 위험한 발상이다. 오히려 과거에 작동하던 약자의 선순환은 이미 멈추어 있을 가능성이 높다. 약자가 약자의 위상에서 벗어나는 그 순간, 약자를 향해 폭발적으로 불던 피드백 루프는 멈추기 시작하기 때문이다. 온갖 반대와 모욕을 받던 노무현 후보가 대통령에 당선되는 것을 정점으로 하여 노사모의 피드백 루프는 멈추기 시작하였다. 월드컵 4강의 신화를 거머쥐던 그 순간부터 대한민국의 축구팀을 향해 불던 양의 피드백 루프는 음의 피드백 루프로 변화하기 시작하였다. 광화문 사거리를 가득 메웠던 촛불 시위가 가장 밝게 타올랐을 때, 모든 정치인들이 촛불의 위세에 눌리기 시작하는 그 순간부터, 촛불은 하나 둘씩 꺼지기 시작한 것이다. 무릇 약자가 약자의 위상을 벗어나, 약자를 지원하는 평범한 사람들 위에 군림하기 시작하는 순간부터, 약자를 향한 피드백 루프는 멈추기 시작하는 것이다.

시민단체들이 사회개혁을 주도하면서 시위현장에 나서는 이들이 줄어들기 시작했다. 순수한 촛불시위가 시민단체의 운동으로 이용될 때 평범한 사람들 기꺼이 약자의 선순환에 동참하였던 사람들은 떠나가기 시작했다. 일종의 도덕적 강자의 피드백 루프가 시작되자 이탈한 것이다. 참여정부가 귀를 닫고 독선적으로 나갈 때도 마찬가지로 약자의 선순환은 더 이상 돌지 않았다.

하지만 많은 사람들이 약자를 향한 피드백 루프가 양에서 음으로 변화하는 그 순간을 놓치곤 한다. 피드백 루프의 극성 (polarity)이 변화함으로써 새로운 사회적 변화와 갈등이 잉태되는 메커니즘을 인식할 필요가 있다. 즉, 사회적 변화의 티핑 포인트(tipping point)를 살펴봄으로써 하나의 변화가 어떻게 질적으로 상이한 새로운 변화로 이어지는가를 이해할 수 있다. 요점은 결국 약자의 사고를 벗어나서 강자의 사고로 돌아서게 되는 순간, 그 사회 문화현상이나 조직, 주체들은 변화한다는 사실이다.

그러나 불행하게도 많은 부분에서 이러한 현상을 인식하지 못하고 약자의 위치나 사고를 빌어서 강자적 태도로 나서고 그 결과 오히려 자멸하는 현상이 벌어지곤 한다. 이 과정에서 끊임없이 소모적인 분열과 갈등이 일어난다. 때에 따라서는 본래의 사회적 의미조차 잃곤 한다. 약자의 선순환은 약한 자의 약함과 순수함이라는 틀에서 자신의 성장을 도모해야 생명력을 지닌다. 그렇지 못할 때, 빠르게 돌던 약자의 선순환은 서서히 정지하면서 그 생명력을 잃게 된다.

# 에필로그

최근 한국 사회에서 목격된 일련의 티핑 포인트들을 검토하면서 우리는 한국 사회의 놀라운 역동성을 다시 한번 느낄 수 있었으며, 이처럼 위대한 역동성이 평범한 트리거인 시민들에 의해 창출되었다는 점을 새삼 확인할 수 있었다. 우리는 이 작업에 임하기 시작하면서 몇 가지 가설들을 마음 속에 품고 있었다. 그리고 우리가 마음 속에 품고 있던 가설들이 옳았던 것으로 확인할 수 있었다. 나아가 우리가 전혀 생각하지 못했던 점들을 발견할 수 있는 기쁨을 누릴 수 있었다. 이들을 간략하게 정리함으로써, 우리 작업을 마무리 하고자 한다.

# 마음 속에 품었던 가설들

먼저 우리가 처음부터 간직하고 검증하고자 했던 가설들이 있다. 이 가설들을 기초로 하여 우리의 논의를 풀어가기 시작하였다. 이제 이 책을 마무리하는 지금, 이 가설들은 처음 시작할 때보다 더 선명하게 우리 마음에 각인되어 있다. 그리고 이 가설들을 가지고 과거의 사건들을 이해할 수 있을 뿐만 아니라, 앞으로 한국 사회를 변화시킬 역동적인 힘을 이해할 수 있다는 점을 확신할 수 있었다.

첫째, 티핑 포인트들은 구조적인 선순환에 의해 창출된다는 것이다. 이 가설은 당연한 듯이 보이지만, 실제로는 그렇지 않다. 많은 지식인들은 한국 사회의 급격한 변화를 구조적인 차원에서 보지 않기 때문이다. 대부분의 지식인들은 한국 사회의 급격한 변화를 새로운 문화의 도래, 새로운 문화를 지닌 세대의 등장과 같은 사건으로 이해하고자 한다. 우리는 한국 사회에 불고 있는 변화가 어느 날 갑자기 만들어진 것이라고 생각하지 않는다.

한국 사회의 변화는 역사성을 함축하고 있다. 과거 오랜 시간에 걸친 한국 사회의 경험들이 빚어낸 사회 구조가 그러한 변화를 가져온 근본 요인이라는 것이다. 이렇게 형성된 피드백 루프를 통해 미미했던 변화가 증폭되고 이것이 적절한 티핑 포인트를 만나게 되면 한순간에 거대한 변화를 이끌어낸다. 티핑 포인트를 창출하는 피드백 루프는 양의 극성을 지니는 선순환일 수밖에 없다. 미시적인 변화를 사회 전체의 거시적인 변화로 증폭시킬 수 있는 선순환 구조가 존재할 것이라는 점이 우리의 첫 번째 가설이었다.

둘째, 티핑 포인트를 창출했던 선순환은 약자의 선순환일 것이라는 점이 우리의 두 번째 가설이었다. 우리의 두번째 가설은 티핑 포인트를 가져온 선순환이 강자의 논리가 아닌 약자의 논리에 기초한 약자의 선순환이라는 점이다. 거기에는 강자를 사모하는 동경보다는 약자를 불쌍히 여기고 그 약자와 동일시하는 약자의 한이 흐르고 있었다. 최근 들어 한국 사회를 급격히 변화시키고 있는 원동력은 강자 지향의 사고가 아니라 약자 지향의 사고라는 점을 우리는 확인할 수 있었다. 나아가 우리는 한국 사회에 불었던 급격한 변화들은 모두 약자의 선순환이라는 공통 분모를 지닌다는 점을 발견하면서, 한국 사회의 낙관적인 미래를 전망할 수 있었다.

셋째, 그럼에도 불구하고 겉으로 드러난 변화에 집착하여 티핑 포인트를 오해하면 약자의 선순환이 정지된다는 것이 우리의 세 번째 가설이었다. 약자의 선순환은 약자에 대한 지지를 증폭시키지만, 어디까지나 약자가 약자로 존재할 때까지만 작동한다는 것이다. 약자가 강자로 등극하면서 부터, 약자의 선순환은 정지된다. 태양에 가까이 갈 수록 이카루스의 날개가 녹아 내려 땅으로 추락하는 것과 마찬가지이다. 찬란한 승리를 향해 다가갈수록, 약자를 승리에 이르도록 한 약자의 선순환은 멈추기 시작한다. 이를 인식하지 못하는 약자는 추락하는 이카루스의 전철을 밟는 셈이다.

약자가 강자로 올라서는 그 순간부터 지지자들은 서서히 그러나 점점 더 빠른 속도로 등을 돌리게 된다. 월드컵 축구팀이 4강의 신화를 달성하면서 붉은악마의 열정은 식어가기 시작하였으며, 노무현 후보가 대통령에 당선되자마자 노사모 해체의 논의가 시작되었다. 대통령 당선의 일등 공신인 노사모가 권력의 핵심 세력으로 등장하리라는 많은 사람들의 예상은 보기 좋게 빗나갔다. 오히려 노사모 자체가 움츠러들기 시작한 것이다. 1970년대와 80년대에 걸쳐 민주화 운동을 수행했던 재야 세력이 민주화될 수록 강력한 정치 집단으로 부상하는 것이 아니라 오히려 정치권의 전면에서 사라지는 것과 마찬가지이다. 어두운 밤길을 밝혀주던 등불은 목적지에 도착하는 순간 꺼지는 법이다.

## 새롭게 발견한 사실들

한국 사회의 변화를 연구하고 토론하면서 우리는 미처 예상하지 못했던 사실들을 깨닫기 시작했다. 처음에는 너무나 희미해서 의식하지 못했던 사실들이 점점 더 선명한 실루엣을 보이면서 다가왔다. 우리가 새롭게 발견한 사실들은 다음과 같다.

첫째, 약자의 선순환을 촉발시키는 트리거들이 있었다. 처음에 우리는 트리거의 중요성에 대해서 깊이 있게 생각하지 못했다. 그러나 정치적 사회적 변화를 분석하면서, 이 변화를 촉발시키고 리드한 사람들이 있다는 점에 주목하게 되었다. 결국은 메커니즘으로서의 구조 못지않게 중요한 것은 이 사회에서 숨쉬면서 함께 분노하고 함께 기뻐할 수 있는 사람이 중요하다는 점을 깨닫게 되었다.

둘째, 이 트리거들은 평범한 사람들이었다. 중요하면서도 거대한 변화를 몰고 온 사람들은 사회 지도층에 있는 엘리트라고 생각하기 쉽다. 처음에 트리거의 존재에 무관심했던 것도 사실 이러한 걱정이 있었기 때문인지 모른다. 그러나 트리거의 존재를 확인하고 분석해 갈수록, 우리는 한국 사회의 변화를 촉발시킨 트리거들이 지극히 평범한 사람들이었다는 점을 발견할 수 있었다. 평범한 사람들이 위대한 역사를 만든다는 진리를 다시 한번 확인한 셈이다. 누구나 사회 변화의 촉발자이자,

변화의 중심에 서 있는 것이다.

나아가 트리거는 한 두 사람으로 한정될 필요는 없었다. 상이한 시기에 상이한 장소에서 여러 사람들이 트리거의 역할을 하였다. 복수의 트리거들이 중요한 맥락에서 거대한 변화를 향한 총알을 발사했기 때문에, 약자의 선순환이 힘차게 돌아갈 수 있었으며, 그 결과 누구도 예상할 수 없었던 거대한 티핑 포인트가 사회 전체의 차원에서 발현되었다는 것이다.

셋째, 티핑 포인트들은 상호 연결되면서 전개되어 왔다. 하나의 티핑 포인트가 다른 티핑 포인트의 토대가 되었다. 티핑 포인트들 간의 공진화라고도 할 수 있을 것이다. 기존의 티핑 포인트 개념은 하나의 사건이나 현상이 어떻게 일탈 증폭하는가에 초점을 맞추었다. 우리는 별개의 사건으로 여겨지던 다양한 티핑 포인트들이 서로 맞물려 있다는 점을 발견하였다.

이러한 점을 보지 않으면 티핑 포인트들이 파편화되어 일어나는 현상에만 집착하게 된다. 거대한 사회 변화를 일으키는 티핑 포인트들이 서로 연결되어 있는 광경을 목격하면서, 사회 변화의 장대한 흐름을 엿볼 수 있었다. 티핑 포인트는 우연히 발생한 개별적인 사건이 아니었다. 하나의 티핑 포인트가 다른 티핑 포인트를 불러들였다. 하나의 티핑 포인트가 다른 티핑 포인트로 이어지는 징검다리를 놓았다.

월드컵의 광장과 축제의 함성이 있었기에, 광화문을 수놓은 고요한 촛불 시위가 가능했으며, 이들이 있었기에 탄핵 무효를 주장하는 촛불 시위가 이어질 수 있었다. 이러한 촛불@광장의 문화는 앞으로 한국 사회에 또 다른 거대한 변화를 가져올 것이다. 그것이 통일을 향한 민족적 몸부림일지, 우리 사회에서 천대받는 외국인 노동자와 비정규직 근로자의 권익을 위한 또 다른 촛불 시위일지, 혹은 약한 생명을 보호하기 위한 지율 스님의 단식과 같은 숭고한 희생일지 미리 예단할 수는 없다.

분명한 점은 촛불@광장은 이미 우리 사회 전체의 움직임을 조율하는 조용하지만 모두가 들을 수 있는 거대한 북소리와도 같이 되었다는 것이다. 그리고 촛불@광장은 강자의 군화 발을 환영하는 문화가 아니라 약자의 헐벗은 맨발을 씻어주기 위한 문화라는 점이다.

## 약자의 한 ( 恨 ) 을 지향하며

우리는 약자의 선순환을 말하였다. 그러나 강자의 선순환과 약자의 악순환도 여전히 존재하여 왔으며, 또 존재하고 있다는 점을 부인할 수 없다. 강자이기 때문에 지지와 특혜를 받고, 그렇게 받은 자원을 활용하여 더욱 강한 자로 성장하는 메커니즘이다. 또한 약자이기 때문에 천대받고, 그렇기 때문에 더

약해지는 메커니즘이 약자의 악순환이다. 이는 지배계층에서 흔히 발견할 수 있는 메커니즘이었다. 그러나 우리는 이를 이야기하지 않았다. 이야기하기에는 너무나 슬픈 일이기 때문인지 모른다. 그러나 우리 두 사람들은 알고 있다. 언젠가 이 냉혹한 메커니즘을 말해야 한다는 점, 약자의 선순환과 경쟁하는 강자의 선순환이 존재하고 있다는 점을 말이다.

약자의 선순환과 강자의 선순환이 경쟁하는 구도는 두 가지 차원에서 논의될 수 있다. 첫째는 시간적, 역사적 차원에서의 경쟁 구도이다. 역사의 어느 한 시기에는 강자의 선순환이 정치와 사회를 지배하다가, 어느덧 약자의 선순환이 지배하는 시기가 도래한다는 것이다. 1960년대 이후 경제개발에 전념하던 시기에는 강자의 논리가 강하게 지배하였지만, 1980년대 이후 민주화로 초점이 옮겨지면서 약자의 선순환이 강화되었다. 물론 약자의 선순환이 항상 지배하는 것은 아니다. 언제나 현상의 이면에는 다른 국면으로의 변화 조짐이 이미 내재되어 있는 법이다. 약자의 선순환은 그 나름대로의 한계를 노정하게 마련이며, 그때에 강자의 선순환이 다시 역사의 전면에 등장하는 것이다.

둘째, 약자의 선순환과 강자의 선순환이 상호 경쟁하는 구도는 공간적인 차원에서 논의될 수도 있다. 어느 사회에나 약자의 선순환과 강자의 선순환은 공존하지만, 그 비중이 상이하다는 것이다. 예를 들어 한국 사회는 약자의 선순환이 상대적으로 강하다고 한다면, 일본 사회는 강자의 선순환이 지배적이라고 할 수 있다. 동일한 국가 내에서도 분야에 따라서 그 비중이 다를 수 있다. 약육강식의 논리가 통하는 경제계에 있어서는 강자의 논리가 더 큰 비중을 지닐 것이며, 시민운동 또는 종교계에 있어서는 약자의 논리가 더 존중될 것이다.

그러나 우리는 이 책에서 강자의 선순환보다는 약자의 선순환을 먼저 말하고자 하였다. 강자의 선순환보다는 약자의 선순환이 결국 역사에서 승리하는 선순환이라고 믿기 때문이다. 어쩌면 약자의 선순환이 우리 사회에서 지배되는 모습을 보고 싶어서였는지도 모른다.

우리는 이 책을 쓰면서 티핑 포인트와 약자의 선순환, 그리고 트리거라는 개념적 도구들을 제시하여 최근의 사회 변화를 이해하고자 하였다. 이 책을 맺으면서 걱정하는 것은 역사의 영혼과도 같은 약자의 한을 잊으면 안 된다는 것이다. 이는 약자들이 역사를 통해 겪은 한이다. 이 한을 공유하고 있기 때문에, 트리거가 방아쇠를 당길 수 있었으며, 약자의 선순환이 돌아갈 수 있었다. 이들은 역사를 통하여 농축된 약자의 한이 발현될 수 있는 매개체에 불과할 뿐이다. 약자의 선순환도 마찬가지로, 그 한을 발현시킬 수 있는 소용돌이에 불과할지 모른다.

우리는 약자의 한을 분석하고자 하지는 않았다. 약자의 한은 머리로 분석할 대상이라기보다는 마음에 담아두어야 할 대상이라고 생각하기 때문이다. 약자의 한은 분석하고 이해할 수는 없을 지라도 느낄 수는 있기 때문이다. 우리가 제시한 티핑 포인트, 약자의 선순환, 트리거는 이러한 약자의 한이 현실에서 에너지로 분출되는 통로라고 생각하고 싶다.

우리가 논의했던 개념들이 오히려 수많은 고통과 상처로 깊어진 약자의 한을 가리지 않기를 바란다. 다시금 이 시대의 약자의 한이 무엇인지를 볼 일이다. 이 책은 약자의 한을 가리키는 손가락에 불과하다는 점을 마지막으로 강조하면서 이제 우리의 손을 거두고자 한다.

# 참 고 문 헌 _

김동환, 2000, 김대중 대통령의 시스템 사고, 집문당.

김동환, 2004, 시스템 사고: 시스템으로 생각하기, 선학사.

김헌식, 2003, 노무현 코드의 반란, 월간말.

김헌식, 2003, 색깔논쟁, 새로운 사람들.

노혜경 외, 2003, 유쾌한 정치반란, 노사모, 개마고원.

백선기, 2004, 한국 언론보도의 기호학 – 보도·신화·담론·의미
· 이데올로기, 커뮤니케이션북스.

유시민, 2002, 노무현은 왜 조선일보와 싸우는가, 개마고원.

이동식, 1974, 한국인의 주체성과 도, 일지사.

이동연 2002:a, '붉은악마'와 서포터즈 문화〈당대비평〉제6권 제2
호 통권19호 (2002 여름) pp.198-215.

이동연 2002:b, 월드컵과 시민운동 : 접근과 참여의 판을 벌이자
: 자발적 참여 에너지로 넘친 축제 한마당, 시민운동의 방향
성 제시, 말콤 글래드웰, 2004, 『The Tipping Point』
(2000), 임옥희 옮김, 21세기북스.

조희연, 2004, 비정상성에 대한 저항에서 정상성에 대한 저항으로,
아르케.

최원식, 2002, 특집방담 '한국의 문화지도, 어떻게 달라지나',〈계
간 창작과비평〉, 제29권 제3호 통권117호, (2002 가을)

현대경제연구원, 2002, R-소비자를 위한 R-마케팅.